Patrick Behrendt

Projektmanagement. Die Entwicklung von Webprojekten durch horizontales "Prototyping"

GRIN Verlag

Bibliografische Information der Deutschen Nationalbibliothek:

Die Deutsche Bibliothek verzeichnet diese Publikation in der Deutschen National-
bibliografie; detaillierte bibliografische Daten sind im Internet über http://dnb.d-
nb.de/ abrufbar.

Impressum:

Copyright © 2015 GRIN Verlag GmbH
Druck und Bindung: Books on Demand GmbH, Norderstedt Germany
ISBN: 978-3-656-94568-0

Dieses Buch bei GRIN:

http://www.grin.com/de/e-book/295727/projektmanagement-die-entwicklung-von-
webprojekten-durch-horizontales

A

Freie wissenschaftliche Arbeit zur Erlangung des akademischen Grades
Bachelor of Science in Wirtschaftsinformatik

Projektmanagement – Die Entwicklung von Webprojekten durch horizontales Prototyping

Bachelorthesis

im Fachbereich Wirtschaftswissenschaften II
im Studiengang Wirtschaftsinformatik
der Hochschule für Technik und Wirtschaft Berlin

Vorgelegt von: Patrick Behrendt

Abgabetermin: 16.02.2015

ABSTRACT

Die vorliegende Arbeit beschäftigt sich mit dem Projektmanagement in der webbasierenden Softwareentwicklung und legt dabei den Fokus auf die Verwendung von sogenannten horizontalen Prototypen innerhalb des Projektverlaufes.

Es wird untersucht, welche Vorgehen sich unter den speziellen Umständen der Webentwicklung eignen und für welche Arten von Webprojekten sich welche Vorgehensweisen am besten anbieten. Dabei werden anhand verschiedenster Spezifikationen die etablierten Vorgehensmodelle untersucht und einander gegenübergestellt. Zusätzlich wird betrachtet, unter welchen Voraussetzungen es sinnvoll ist, Prototyping zu verwenden. Es wird gezeigt, dass es für das Management die unterschiedlichsten Gestaltungsmöglichkeiten rund um die Projektplanung gibt, wie zum Beispiel die Durchführung von Webprojekten. Zudem werden die wichtigsten Phasen und Methoden beschrieben, unabhängig von der aufbauenden Vorgehensweise eines Webprojektes und anhand eines durchgehenden Fallbeispiels praxisnah illustriert.

Die Untersuchungen, Auswertungen und Bewertungen beruhen auf spezifischer Fachliteratur sowie den langjährigen Erfahrungen des Autors.

INHALTSVERZEICHNIS

ABBILDUNGSVERZEICHNIS

TABELLENVERZEICHNIS

ABKÜRZUNGSVERZEICHNIS

Abkürzung	Begriff
d	Day = Tag(-e)
DB	Datenbank
EDV	Elektronische Datenverarbeitung
h	Hour = Stunde(-n)
HCI	Human computer interaction = Mensch-Maschine-Interaktion
MS	Microsoft
Nv	Nicht vorhanden
OS	Operating System = Betriebssystem
Pkt	Punkte
PM	Projektmanagement
PR	Public relations = Öffentlichkeitsarbeit
PSP	Projektstrukturplan
ROI	Return on Investment = Gewinn eines Investments
VM	Vorgehensmodell
Webprojekt	Auf Webtechnologien basierendes Software-Projekt

1 EINLEITUNG

Diese Bachelorarbeit beschäftigt sich mit den verschiedenen Möglichkeiten der Herangehensweisen für die Durchführung von webbasierten Projekten und den damit zusammenhängenden Aspekten. Dabei werden die verschiedenen Herangehensweisen untersucht und auf ihre Tauglichkeit zum jeweiligen Projektumfeld überprüft. Es wird dabei versucht, eine Sensibilisierung für die Gestaltung des individuellen Projektablaufes zu schaffen, um dabei die wichtigsten Abschnitte eines Webprojektes zu beleuchten, mit einer Spezialisierung auf das horizontale Prototyping. Dabei wird ebenfalls untersucht, welche Einsatzmöglichkeiten sich für das Prototyping ergeben und in welchen Fällen ein solcher Einsatz Sinn macht. Die in der Arbeit beschriebenen Methoden und Vorgehensweisen beziehen sich dabei stets auf sämtliche Arten der internetbasierten Softwareentwicklung. Durch den Umfang werden die einzelnen Elemente breit beschrieben, um einen möglichst umfassenden Überblick über die zahlreichen Möglichkeiten zu gewährleisten. Dabei liegt hier der Fokus speziell auf das horizontale Prototyping.

Ein Fallbeispiel untermauert die Arbeit, welches praxisnah die theoretischen Ansätze veranschaulicht. Das Beispiel ist in markierten Bereiche jeweils gekürzt. In der Praxis fallen die jeweiligen Methoden wesentlich komplexer aus. Zudem ist die Gestaltung der einzelnen Methoden und Dokumente Geschmackssache und sollte dem jeweiligen Projekt angepasst werden; somit ist das Beispiel nicht als Garant oder Musterbeispiel anzusehen. Das Fallbeispiel ist durch seitliche Striche an der linken Seite in den einzelnen Bereichen kenntlich gemacht.

Der Auftraggeber

Herr Mustermann (männlich, 49 Jahre, ledig) ist ein selbstständiger Einzelhandelskaufmann und betreibt einen sehr gut laufenden und berühmten Schmuckladen in Berlin. Durch seine exzentrische Art, den medienwirksamen Auftritten und seinem Gespür für alles, was reiche Menschen mögen, hat er seinen Laden zu einer äußerst lukrativen Einnahmequelle gemacht. Es ist ihm anzumerken, dass er kein computer-affiner Mensch ist und dass er das Internet lediglich zum Netzwerken und Promoten verwendet.

Das Unternehmen

Das Unternehmen ist ein Webentwicklungsstudio aus Berlin mit insgesamt 50 Mitarbeitern. Es hat sich durch seine preiswerten Dienstleistungen und positiven Rezensionen auf den Markt gut positioniert. Der Erfahrungsschatz des Unternehmens beläuft sich auf mittlerweile zehn erfolgreiche Geschäftsjahre.

1.1 PROBLEMSTELLUNG

„Selbst wenn sich in 9 von 10 Fällen eine gewisse Vorgehensweise im Umgang mit Kunden etabliert hat, irgendwann kommt dieser 10. Kunde, für den diese Vorgehensweise nicht passt."[1]

Was Dennis Erdmann in diesem Zitat aussagt, ist ein wichtiger Punkt in Webprojekten; jedes Webprojekt ist außerordentlich unterschiedlich und stellt somit eine neue Herausforderung für das ausführende Unternehmen dar, welche mit individuellen Methoden und Verfahren in Angriff genommen werden muss. Neben den unterschiedlichen Arten von Auftraggebern und sich wechselnden Projektumfeldern kommt noch hinzu, dass Webprojekte in ihrem Umfang und ihrer Ausprägung so unterschiedlich sind, dass sich kein „Allrounder"-Vorgehensmodell herauskristallisieren lässt. Die Möglichkeiten, Dienste im Internet zu realisieren, waren nie so vielfältig wie heute. Durch diese große Vielfalt an technischen- und gestalterischen Möglichkeiten des Produktes auf der einen Seite und die Vielfalt an unterschiedlichen Typen von Auftraggebern auf der anderen Seite, lässt sich die Projektarbeit in Webprojekten nicht homogen gestalten.

Nach der Studie: "Wie zufrieden sind Sie mit ihrem IT-Dienstleister?", wurde 2001 im Raum Berlin-Brandenburg, ermittelt, dass Webprojekte in 19,3% der Fälle scheiterten und in 6,3% der untersuchten Beispielfälle, frühzeitig abgebrochen wurden.[2] Entweder, da diese zu spät oder mit zu vielen Ressourcen erstellt wurden, die zeitlichen Rahmen nicht eingehalten wurden, der Auftraggeber mit dem Resultat unzufrieden war und vieles andere mehr. Die Ursachen hierfür sind vielfältig. Hauptsächlich wurde von den Beteiligten

---

[1] [ERDMANN13]
[2] Vgl. [TIMEKONTOR01]

mangelnde Kommunikation als Grund des Scheiterns angegeben, aber auch eine schlechte Projektplanung, schlecht gewählte Vorgehensmodelle und überforderte Auftraggeber stehen oben auf der Mängelliste (siehe Abbildung 1.1).[3]

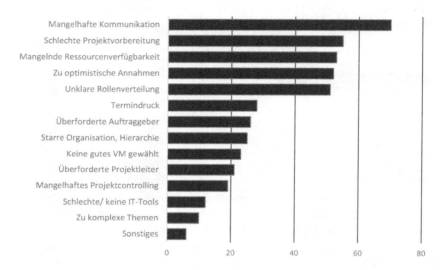

Abbildung 1.1: Statistik über das Scheitern von Webprojekten, aus [TIMEKONTOR01]

Anhand der Statistik in der Abbildung 1.1 ist zu sehen, wie wichtig es ist, die Projektdurchführung ordentlich zu planen und das korrekte Vorgehen sowie die passenden Methoden zu wählen. Je größer und komplexer die Projekte werden, desto höher ist die Gefahr des Scheiterns. Dabei erlebt die Webentwicklung, durch den technologischen Fortschritt, eine steigende grundlegende Komplexität, bei gleichzeitig steigendem Zeit- und Konkurrenzdruck.

Durch diese Umstände werden viele Webprojekte falsch durchgeführt und entwickeln sich zu einer Belastung, sowohl für den Auftraggeber als auch für den Auftragnehmer und sind somit zum Scheitern verurteilt. Das Problem der Auswahl der richtigen Herangehensweise stellt viele Leiter von Webprojekten vor ein reales Problem. Welches Vorgehen

---

[3] Vgl. [SCHNEIDER12], S. 36 ff

sollte bei welchem Kunden, welcher Projektart sowie welchem Projektumfeld verwendet werden? Wie sehen die Methoden und Instrumente dieser Vorgehensmodelle aus und wie kann ich sie einsetzen?

Mit genau diesen Problemen soll sich die vorliegende Arbeit beschäftigen.

1.2 ZIELSTELLUNG DER ARBEIT

Die Zielstellung dieser Bachelorarbeit ist es, verschiedene Herangehensweisen für Webprojekte aufzuzeigen, die mit ihren Methoden und Instrumenten, passend zur individuellen Art von Webprojekten sind. Dabei sollen die angewandten Methoden und Instrumente aus der Theorie sowie der praktischen Arbeit einer kritischen Beurteilung unterzogen werden. Es soll aufgezeigt werden, dass jedes Vorgehen eine begründete Existenzberechtigung aufweist und für welche Art von Webprojekt sich welche Vorgehensmodelle eignen. Zusätzlich wird untersucht, unter welchen Umständen Prototyping, speziell horizontales Prototyping, eingesetzt werden sollte. Anhand vorgehensneutraler Phasen und Methoden wird der komplette Projektlebenszyklus der Softwareentwicklung betrachtet; basierend auf der Ebene der Internettechnologien.

Dabei wird darauf Wert gelegt, dass die Arbeit verständlich geschrieben ist- und somit für eine möglichst breite Leserschaft zur Verfügung steht. Zusätzlich werden die einzelnen Abschnitte mit einem durchgehenden Fallbeispiel zur praktischen Veranschaulichung der theoretischen Ansätze versehen; dabei wird ein Webprojekt konstruiert, das den Fokus auf das horizontale Prototyping hält.

1.3 GRUNDLEGENDES UND BEGRIFFSDEFINITIONEN

Damit die wesentlichen Aspekte und Fragestellungen des webbasierten Projektmanagements mit horizontalen Prototyping geklärt werden können, sollte zunächst Klarheit über die Begrifflichkeiten bestehen, die mit dem Projektmanagement einhergehen; auf diesen Fundament wird die Thesis aufgebaut. Folgend werden die zentralen Begriffe des Projektmanagements bei der Entwicklung von Webprojekten definiert und abgegrenzt.

1.3.1 PROJEKT

Der Begriff „Projekt" ist ein heutzutage häufig verwendeter Begriff. Verglichen mit bestehenden Definitionen, gelingt es dem Betrachter zu erkennen, dass die meisten Projekte gar keine sind.

Ein Projekt kennzeichnet sich dadurch, dass es zum Zwecke der Vollendung eines Vorhabens über einer temporären Organisation durchgeführt wird, mithilfe moderner Management-Methoden. Es ist ein einmaliges, neuartiges, zielorientiertes, komplexes, risikobehaftetes, dynamisches, fachübergreifendes sowie bedeutendes Vorhaben, zu welchem sich bestimmte Ressourcen für einen bestimmten Zeitrahmen mit einem bestimmten Leistungsanteil zusammenfassen (die drei Konstanten eines Projektes).[4]

Die genannte Definition erscheint offensichtlich, allerdings kranken viele Projekte in der Praxis daran, dass einzelne Eigenschaften, wie beispielsweise klar definierte Ziele, nicht eindeutig festgelegt werden.

1.3.2 PROJEKTMANAGEMENT

Wie unter der Definition von „Projekt" zu lesen ist, ist ein Projekt ein komplexes Unterfangen, zu dessen erfolgreichem Gelingen eine spezielle- und koordinierte Art der Aufgabenbewältigung angewandt werden muss. Das Projektmanagement ist die Gesamtheit von Führungsaufgaben (Führungsorganisation, Führungstechniken, Führungsmittel) für die Abwicklung eines Projektes mit der Aufgabe, das Gesamtziel/ den Erfolg des Projektes effizient und effektiv im zeitlichen Rahmen zu erreichen, durch eine systematische, durchgehende sowie zielorientierte Koordination von Ressourcen.[5]

Entsprechend der drei Konstanten in einem jeden Projekt (Ressourcen, dem Umfang des Projektes und der gegebenen Zeit) kann das Projektmanagement die Qualität des Projektergebnisses steuern. Im Mittelpunkt steht dabei stets das Projektziel, auf dem, im

---

[4] Vgl. [STOYAN07], S. 2; [KAMISKE11], S. 8; DIN 69901
[5] Nach der DIN 69901

Projektmanagement, alle erforderlichen Methoden und Führungsmittel auszulegen sind. Beim Projektmanagement sollte eine enge Verbundenheit zwischen den fachlichen, methodischen (Planung, Controlling, etc.) und soziologischen Aspekten (Führung, Teamentwicklung, Kommunikation, etc.) gegeben sein, wie in der Abbildung 1.2 zu sehen.[6]

Zusätzlich muss im Projektmanagement die Einbettung des Projektes in die vorgegebene Umgebung beachtet werden, welche geprägt ist durch das geschäftliche Umfeld, die Öffentlichkeit, den Kunden sowie durch die Firmenorganisation und die relevanten firmeninternen Prozesse.[7]

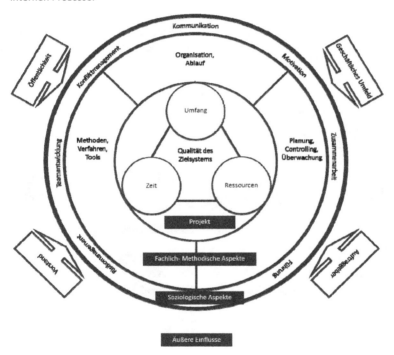

Abbildung 1.2: Einflussfaktoren auf das Projektmanagement, inspiriert von [KAMISKE11], S. 9

---

[6] Vgl. [TIEMEYER07], S. 277 f
[7] Vgl. [KAMISKE11], S. 9 ff

1.3.3 WEBANWENDUNGEN

Eine Webanwendung (oder Webapplikation, Web-App, Websystem), ist ein Sammelbegriff für jegliche Art von Anwendungsprogrammen/ Softwaresystemen, welche über eine Benutzerschnittstelle und den Webbrowser ablaufen bzw. dargestellt werden und dabei auf webspezifische Ressourcen aufbauen. Ein wesentlicher Aspekt dieser Anwendungen ist die Zusammenwirkung zwischen dem Anwender und der Software, was eine Erweiterung des Problembereichs darstellt.

Webanwendungen können sich je nach Art (Vielzahl von Spezifikationen) und Umfang stark voneinander unterscheiden. Häufig verwendete Spezifikationen für diese Unterteilung sind: Inhalt, Erreichbarkeit, Sprache, Flexibilität, Funktionalität, Performance, Sicherheitsanforderungen und Zielpublikum.[8]

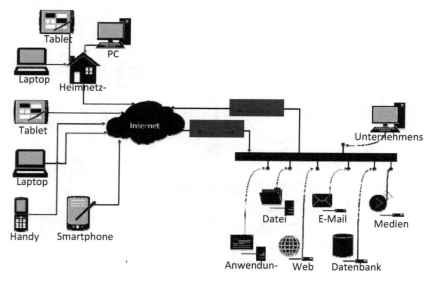

Abbildung 1.3: Die Netzwerkkommunikation zwischen Client (linke Seite) und Server (rechte Seite)

---

[8] Vgl. [STOYAN07], S. 7 ff

Webanwendungen werden meist auf einem Webserver gespeichert. Der Zugriff auf diese Anwendungen erfolgt sowohl über öffentliche IT-Netze (Internet), als auch über interne IT-Netze (Intranet) mittels eines Übertragungsprotokolls wie http (siehe Abbildung 1.3). Webanwendungen benötigen, anders als Desktopanwendungen, kein spezielles Betriebssystem (OS) und sind somit Plattformunabhängig. Daher können Webanwendungen plattformübergreifend eingesetzt werden (teilweise werden spezielle Laufzeitumgebungen allerdings gefordert). Da eine Webanwendung über ein Zusatzprogramm (Webbrowser beim Client) aufgerufen wird und über spezielle Protokolle geleitet werden muss, sind Webanwendungen an entsprechenden Restriktionen gebunden. Je nach der Programmierung der Anwendung werden mehr oder weniger Berechnungen auf den Client oder Server ausgeführt, was eine entsprechende Auslastung des jeweiligen Systems mit sich zieht.[9]

1.3.4   WEB ENGINEERING

„Moderne Web-Anwendungen stellen vollwertige, komplexe Softwaresysteme dar. Die Entwicklung dieser Web-Anwendungen erfordert daher eine ingenieurmäßige und methodisch fundierte Herangehensweise. Ausgehend vom Software Engineering umfasst Web Engineering die Anwendung systematischer und quantifizierbarer Ansätze, um Spezifikation, Implementierung, Betrieb und Wartung qualitativ hochwertiger Web-Anwendungen durchführen zu können."[10]

Web Engineering transferiert die Methoden des Software Engineerings auf die Entwicklung von Webanwendungen und erstreckt sich über den kompletten Lebenszyklus eines Websystems. Somit ist das Web-Engineering eine Art des Software Engineerings, die viele Gemeinsamkeiten aufweisen, allerdings zu einer eigenständigen Spezialisierung führen, aufgrund der besonderen Eigenschaften von Webanwendungen (siehe 1.3.5). [11]

---

[9] Vgl. [MUENZ08], S. 17 ff
[10] [KAPPEL04], S. 1
[11] Vgl. [KAPPEL04], S. 3 f

Die besonderen Anforderungen an das Web Engineering werden aus den Charakteristiken von Webanwendungen abgeleitet (siehe die Besonderheiten von Webprojekten unter dem Punkt 1.3.5), die sich aus der Sicht des Softwareprodukts sowie aus der Sicht seiner Entwicklung und seiner Nutzung ergeben.[12]

1.3.5 WEBPROJEKT

„Ein Webprojekt dient zur Neuerstellung oder Änderung einer Website. [...] Webprojekte sind E-Businessprojekte, die wiederum einen Teil der Projekte der Informationstechnologie (IT) ausmachen. Genauso sind Webprojekte jedoch auch Designprojekte."[13]

Je nach den Gegebenheiten (die Projekteigenschaften sind aus dem Abbildung 1.4 zu entnehmen) des Webprojektes, ist es in Relation der Projektfelder zuzuordnen. Entsprechend ihrer Zuordnung sollten die Vorgehensweisen und Methoden für das Projekt gewählt werden (mehr dazu siehe im Abschnitt 2 dieser Arbeit).

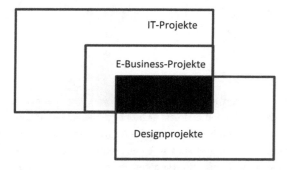

Abbildung 1.4: Projektfelder eines Webprojektes nach [STOYAN07], S. 3

---

[12] Vgl. [DESHPANDE02], S. 6
[13] [STOYAN07], S. 2 f

Besonderheiten von Webprojekten gegenüber IT-Projekten

Webprojekte weisen einige Besonderheiten gegenüber klassischen Softwareprojekten auf, welche das Projektmanagement in seiner Ausführung beeinflussen; diese werden folgend nach Robert Stoyan[14] aufgeführt:

- Die Projektzyklen sind aufgrund der Schnelligkeit im Web sehr kurz
- Der Inhalt (Content) sollte ständig im System aktualisiert werden
- Inhaltspflege, Weiterentwicklung, Betreuung, etc. verursachen i.d.R. höhere Kosten als die Erstellung des Systems
- Durch das Treffen sämtlicher Unternehmen im Internet ist die Abgrenzung zwischen diesen ein wichtiger Faktor (sogenannte Markenfusion)
- Die Anwender/ Zielgruppen sind hier besonders unterschiedlich/ vielfältig
- Bei Webprojekten findet eine stark-interdisziplinäre Zusammenarbeit statt
- Websysteme sind ständigen Änderungseinflüssen ausgesetzt
- Die Preis- sowie Zeitplanung (Vertragsgestaltung) ist schwierig umzusetzen

1.3.6 PROTOTYPING

„Ein Prototyp ist die erste Version eines Softwaresystems, die dazu verwendet wird, Konzepte zu demonstrieren, Entwurfsmöglichkeiten auszuprobieren und Erkenntnisse über das Problem und seine möglichen Lösungen zu gewinnen." [15]

„We define a prototype as a concrete representation of part or all of an interactive system." [16]

Prototyping ist grundsätzlich eine Methodik, die in einer Phase des Projektes abgearbeitet werden kann. Prototyping ermöglicht es das Zielsystem schnell und ressourcenschonend zu realisieren, innerhalb des Rahmens der für den Verwendungszweck (siehe Verwendungsarten weiter unten) benötigt wird. Die Kommunikation zwischen den verschiedenen

---

[14] Vgl. [STOYAN07], S. 4 ff
[15] [SOMMERVILLE12], S. 72
[16] [LAFON02], S. 1007

Projektbeteiligten und den verschiedenen Disziplinen in der Webentwicklung wird durch die Erstellung von Prototypen gestärkt. Prototypen ermöglichen zudem eine Art von Interaktion, welche durch textliche Beschreibungen so nicht möglich ist (beispielsweise können Ausgaben und Größe/ Position von Elementen visualisiert werden).[17]

„Ein Bild sagt mehr als tausend Worte" [18]

Es können hauptsächlich zwei verschiedene Arten des Prototyping unterschieden werden: Evolutions-Prototyping und Wegwerf-Prototyping. Bei den Evolutions-Prototyping handelt es sich lediglich um die evolutionäre Systementwicklung. Bei dem evolutionären Vorgehensmodell wird das Zielsystem in mehreren iterativen Schritten entwickelt (siehe 2.1.4). Das unfertige System, welches stetig weiterentwickelt wird und zum Testen dient, nennt man auch Prototyp (Pilotsystem). Dabei wird der Prototyp solange weiterentwickelt (evolutionär Entwickelt), bis sämtliche Anforderungen und Zielsetzungen erfüllt sind.

Bei dem Wegwerf-Prototyping wird ein Prototyp unabhängig von der Zielsystementwicklung erstellt, i.d.R. innerhalb des ersten Projektabschnittes. Mit Hilfe von diesen Prototypen können Anforderungen erhoben und Tests vollzogen werden, ohne dabei Ressourcen zu vergeuden. Das Wegwerf-Prototyping kann sowohl in sequenziellen als auch in iterativen Vorgehensmodellen eingesetzt werden. Sollte das Zielsystem fertiggestellt sein, so wird dieser Prototyp nicht weiter verwendet (sprichwörtlich: weggeworfen).

Wie in der Abbildung 1.5 zu sehen, existieren unterschiedliche Prototyp-Strategien, welche Zeit einsparen können: Horizontale-, vertikale-, Szenario- und aufgabenorientierte Prototypen. Im Folgenden werden diese nun vorgestellt.[19]

---

[17] Vgl. [NIELSON93], S. 93
[18] unbekannter Ursprung
[19] Vgl. ebd., S. 93 ff

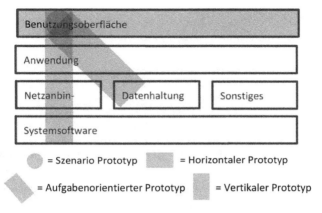

Abbildung 1.5: Die Prototypstrategien, inspiriert durch [BALZERT98], S. 116

Vertikales Prototyping

> „Cutting down on the number of features is called vertical prototyping since
> the result is a narrow system that does include in-depth functionality, but
> only for a few selected features."[20]

Beim vertikalen Prototyping wird ein kleiner Teil des Systems sichtbar gemacht, bei einer möglichst vollständigen Funktionalität.[21]

---

[20] Ebd., S. 95
[21] Vgl. ebd., S. 95

Horizontales Prototyping

> *„Reducing the level of functionality is called horizontal prototyping since the result is a surface layer that includes the entire user interface to a full-featured system but with no underlying functionality."[4]*

Das horizontale Prototyping bildet lediglich eine spezifische Ebene eines Softwareproduktes ab und somit eine Ebene des Websystems. Die strikte Umsetzung lediglich einer Ebene ist hierbei nicht vorgeschrieben und kommt in der Praxis kaum vor.[22]

Diese Ebene kann sowohl die Benutzeroberfläche als auch beispielsweise die Datenbankstrukturierung sein. Durch die Beschränkung auf eine Ebene sind horizontale Prototypen schnell entworfen und können in ihrer Ausführung sehr unterschiedlich ausfallen. In der Webentwicklung wird, aufgrund der starken Ausprägung des visuellen Charakters, größtenteils das horizontale Prototyping auf Ebene der Benutzeroberfläche (Design) realisiert (ähnlich bei Unterhaltungssoftware).[23]

> *"Prototyping is primarily a design activity, although we use software engineering to ensure that software prototypes evolve into technicallysound [sic] working systems and we use scientific methods to study the effectiveness of particular designs."[24]*

Horizontale Prototypen, welche auf der Benutzeroberfläche realisiert werden (Design-Prototyp), bilden die Mensch-Computer-Schnittstelle ab und können in zwei unterschiedliche Arten unterschieden werden: Off-line- (siehe 3.1.2) und On-line-Prototypen (siehe 4.2).

---

[22] Vgl. [NIELSON93], S. 95
[23] Vgl. [LAFON02], S. 1007 ff
[24] Ebd., S. 1007

Szenario-Prototyping

Wenn die Funktionalität als auch die Benutzeroberfläche redundant wird, so erhält man ein Szenario.

„Scenarios are the ultimate minimalist prototype in that they describe a single interaction session without any flexibility for the user. As such, they combine the limitations of both horizontal prototypes [...] and vertical prototypes [...]." [25]

Szenarien helfen während des Entwicklungsprozesses zu verstehen, wie Benutzer mit einem System interagieren. Zudem können Szenarien verwendet werden, um schnelle Evaluationen zur Benutzeroberfläche zu erhalten, ohne einen lauffähigen Prototypen- oder gar ein komplettes System zu konzipieren (beispielsweise für Softwareergonomie-Tests an bestimmten Funktionen). [26]

Aufgabenorientiertes Prototyping

„Task-based prototypes are organized as a series of tasks, which allows both designers and users to test each task independently, systematically working through the entire system." [27]

Aufgabenorientierte Prototypen beinhalten lediglich die Oberflächen und Funktionalitäten, welche für eine spezifische Programmaufgabe erforderlich sind. Durch die Kombination von horizontalen und vertikalen Prototypen ist es möglich, eine genaue Analyse einer Aufgabe im Programm durchzuführen. [28]

---

[25] [NIELSON93], S. 99
[26] Vgl. ebd., S. 100
[27] [LAFON02], S. 1013
[28] Vgl. ebd., S. 1013

Prototypische Verwendungsarten

Ein „Demonstrationsprototyp" soll eine Vorschau auf das komplette oder auf einen Teil des Zielsystems ermöglichen. Durch eine schnelle und oberflächliche Prototypgenerierung entstehen keine hohen Kosten. Eine weitere Verwendung wird dem Prototyp nicht zuteil.

Bei einem „Prototyp im engeren Sinne" wird dieser, der Anwendungsentwicklung, nebenläufig entwickelt, um Teile des Systems (Funktionen wie Oberflächen) zu veranschaulichen und zu analysieren. Der Prototyp wird in der Regel nach dem Projekt entsorgt.

Ein „Labormuster" demonstriert die funktionelle/ architektonische Umsetzbarkeit von Systemen. Anhand des Labormusters können Fragen im konstruktionstechnischen Rahmen beantwortet werden und geben ggf. Aufschluss über mögliche Alternativen. Die Umsetzung findet in der Regel innerhalb des Projektteams statt und sollte mit den jeweiligen Zielsystemen übereinstimmen.

Die vierte Verwendungsart von Prototypen ist das „Pilotsystem", welches eine andere Bezeichnung für das evolutionäre Prototyping ist. [29]

---

[29] Vgl. [BALZERT98], S. 115

2 ABLAUFORGANISATIONSPLANUNG

„Ein gutes Projektmanagement basiert auf einem zielgerichteten Phasenmodell, beziehungsweise Vorgehensmodell. Dieses standardisiert die ablauforganisatorische Gestaltung des Vorgehens."[30]

Da es in der Softwareentwicklung unmöglich ist, ein universelles Vorgehensmodell (Denkansatz, wie ein Projekt durchgeführt wird), aufgrund der zu vielen Variablen, zu finden, sollte zu jedem Projekt ein individuelles Vorgehen bestimmt werden, nach dem das Projekt durchgeführt werden soll.

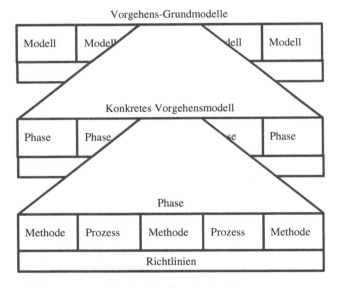

Abbildung 2.1: Der Aufbau der Ablauforganisationsplanung

---

[30] [JENNY01], S. 63

Die Ablauforganisation von Projekten besteht grundsätzlich aus einem Vorgehensmodell (kann aus Grundmodellen abgeleitet sein), welches den Ablauf des Projektes in den Grundzügen regelt. Innerhalb des Vorgehensmodells befinden sich Phasen, welche aus Phasenmodellen (siehe 2.3) aufgebaut sein können oder davon abgeleitet sind und sich in ihrer Ausrichtung an dem Vorgehensmodell orientieren. Die Phasen geben grob vor, was in welchem zeitlichen Abschnitt im Projektzyklus jeweils zu tun ist. Die einzelnen Phasen wiederum beinhalten Prozesse, Methoden und Richtlinien, welche konkrete Vorgaben vermitteln, die zeigen, auf welche Art was zu tun ist. Eine Illustration dazu findet sich in der Abbildung 2.1 auf der Seite 16.

Da die konkrete Betrachtung der Ablauforganisationsplanung den Rahmen dieser Arbeit sprengen würde, werden lediglich die für diese Arbeit jeweils wichtigen und relevanten In-halte behandelt.

Zum Thema Ablauforganisationsplanung können die Bücher [SOMMERVILLE12], [BALZERT98] und die Dissertation [GNATZ05] empfohlen werden. Zum Thema Prototyping im IT-Projekt wird [NIELSON93] empfohlen.

2.1   VORGEHENS-GRUNDMODELLE

„Eine planvolle, systematische Beschreibung der einzelnen Prozessschritte wird als Vorgehensmodell bezeichnet. [...] In Vorgehensmodellen wird der organisatorische Ablauf für die Entwicklung eines IT-Systems beschrieben. Im Vordergrund steht die Frage: „Was ist wann zu tun?" "[31]

Ein Vorgehensmodell ist eine Abstraktion einer vorgeschlagenen Vorgehensweise für ein konkretes Projekt. Bedingt dadurch existiert eine große Anzahl an Vorgehensmodellen mit ihren möglichen Ausprägungen (konkrete Vorgehen werden im Kapitel 2.2 behandelt). Die Hauptintention von Vorgehensmodellen kann auf die Effizienzsteigerung und auf die Nachvollziehbarkeit von Projekten reduziert werden.[32]

---

[31] [RUF08], S. 25
[32] Vgl. [FRITZSCHE07], S. 8

„Das Vorgehensmodell selbst kann als ein übergeordneter Plan angesehen werden, der Vorgehensweisen, Richtlinien, Empfehlungen und Prozessbeschreibungen enthält, die dann auf ein konkretes Projekt übertragen werden können."[33]

Vorgehensmodelle stellen eine Wiederholbarkeit und Nachvollziehbarkeit eines Ablaufprozesses sicher. Dabei gewährleisten sie die Qualität und Vollständigkeit der Projektergebnisse. Durch einheitliche Begriffe und Ereignisse tragen Vorgehensmodelle zur besseren Kommunikation aller Projektbeteiligten bei.[34]

In diesem Abschnitt wird eine Auswahl an passenden Vorgehens-Grundmodellen vorgestellt, die für die Webentwicklung wichtig sind (siehe Abbildung 2.2). Die Vorgehensmodelle werden dabei nicht umfassend untersucht, sondern es wird lediglich eine kurze Beschreibung der wesentlichen Eckdaten dargestellt, wie deren Unterschiede untereinander und die jeweiligen Verwendungsvorschläge.

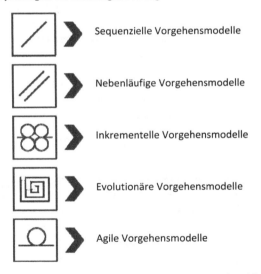

Abbildung 2.2: Minimalistische Illustration der Vorgehens-Grundmodelle

---

[33] Vgl. [SCHNEIDER12], S. 36
[34] Vgl. [GNATZ05], S. 2

2.1.1 SEQUENZIELLE VORGEHENSMODELLE

Bei den sequenziellen Vorgehensmodellen, auch lineare Vorgehensmodelle genannt, werden die definierten Projektphasen chronologisch angeordnet und streng abgegrenzt voneinander durchlaufen. Die Idee hinter diesen Modellen ist, dass die Phasen Schritt für Schritt durchlaufen werden; dabei muss eine Phase zunächst abgeschlossen sein, bevor die nächste Phase angefangen werden kann. Das bedeutet allerdings auch, dass spätere Änderungen oder Erkenntnisse keinen Einfluss mehr auf die bereits abgeschlossenen Phasen haben. Daher ist es wichtig, dass die Zwischenergebnisse (Phasenprodukte) valide und gut vorgeplant worden sind. Der typischste Vertreter dieses Vorgehensmodells ist das erweiterteWasserfall-Modell (auch Schleifenmodell genannt, siehe 2.2.2) und das V-Modell (siehe 2.2.4).[35]

Sollten sich im Laufe der Entwicklung Anforderungsänderungen ergeben, so muss für die Änderungen die Prozesskette noch einmal komplett vom Punkt der Veränderung bestritten werden. Aus diesem Grund ist bei diesem Vorgehensmodell wichtig, dass die Eigenschaften und Funktionen (Anforderungen) möglichst im Vorfeld abgeklärt worden sind. Daher wird in diesem Verfahren viel Wert auf eine gründliche Projektstartphase gelegt.

Auch bei einer gründlichen Projektplanung kann es vorkommen, dass Anforderungsänderungen sich im Laufe eines Projektes ergeben. Diese sind in diesem Vorgehen zeitintensiver als beispielsweise evolutionäre Vorgehensweisen und sind daher nach Möglichkeit zu vermeiden.[36]

Vorteile

- Einfacher und gut überwachbarer Projektablauf für alle Projektbeteiligten
- Sehr gute Strukturierung und Dokumentation vom Projekt
- Relativ einfache Gestaltung von Projektverträgen[37]
- Sehr gute Skalierbarkeit
- Geringes Kosten- und Zeitrisiko für den Auftraggeber
- Widerspruchsfrei - anders als andere Vorgehensmodelle[38]

---

[35] Vgl. [RUF08], S. 29 f ; Vgl. [JENNY01], S. 63 f
[36] Vgl. [SCHNEIDER12], S. 37
[37] Vgl. [FRITZSCHE07], S. 9

Nachteile

- Spätere Anwender werden nur zu Beginn und zum Ende des Projekts eingebunden
- Sichtbare Ergebnisse sind erst spät im Projektverlauf sichtbar
- Es müssen früh weitreichende Festlegungen getroffen werden
- Entwickler wenden oft Tricks in der späteren Implementierung an, um Probleme der ersten Phasen auszumerzen[39]
- Niedrige Ressourcenauslastung durch ggf. auftretende Wartezeiten

2.1.2 NEBENLÄUFIGE VORGEHENSMODELLE

Nebenläufige Vorgehensmodelle, auch parallele Vorgehensmodelle genannt, sind zwar in ihrer Herangehensweise sequenziell, aber es wird dabei versucht möglichst viele Aktivitäten parallel ausführen zu lassen, um Zeit einzusparen. Dabei können sowohl Entwicklungsaktivitäten, als auch komplette Projektphasen parallelisiert werden. Wie bei den sequenziellen Vorgehensmodellen wird auch hier ein erhöhter Zeitaufwand in die Anfangsplanung des Projektes, sowie in die Ausarbeitung der Anforderungen, gesteckt.

Zu beachten ist, dass die nebenläufigen Vorgehensmodelle einen großen Kommunikations- und Koordinationsaufwand mit sich bringen. Dabei kann es zu einem kaskadenartigen Effekt kommen (Managementaufgaben häufen sich proportional), wobei ganze Teilprojekte still stehen können oder gar komplett scheitern. Daher ist dieses Vorgehensmodell für große oder stark verteilte Projekte nicht zu empfehlen.

Vorteile

- Durch Parallelisierung wird die Zielprodukterstellung mittels optimaler Zeitausnutzung verkürzt
- Relativ einfache Gestaltung von Projektverträgen[40]
- Sehr gute Skalierbarkeit
- Geringes Kosten- und Zeitrisiko für den Auftraggeber
- Der erhöhte Kommunikationsaufwand bringt das Expertenwissen im Team früh voran

---

[38] Vgl. [SOMMERVILLE12], S. 58
[39] Vgl. ebd., S. 58
[40] Vgl. [FRITZSCHE07], S. 9

Nachteile

- Erhöhter Managementaufwand, um die Ressourcen zu planen und ggf. aufzuteilen, sodass Engpässe antizipiert werden können
- Spätere Anwender werden nur zu Beginn und zum Ende im Projekt eingebunden
- Sichtbare Ergebnisse sind erst spät im Projektverlauf sichtbar
- Es müssen früh weitreichende Festlegungen getroffen werden
- Entwickler wenden ggf. Tricks in der späteren Implementierung an, um Probleme der ersten Phasen auszumerzen[41]
- Bürgt durch das parallele Ausführen zusätzliche Risiken

2.1.3   INKREMENTELLE VORGEHENSMODELLE

Dieses Vorgehensmodell ist der Versuch einen Prozess zu bilden, welcher langfristige Planung und frühzeitige Fertigstellung in sich vereint.

> *„Die inkrementelle Softwareentwicklung ist dadurch gekennzeichnet, dass ein komplexes IT-System in sinnvolle, selbstständig entwickelbare Teile, die nacheinander oder parallel erstellt werden, aufgeteilt wird. Ausgehend von einem Teil erhält man durch die nacheinander zusätzlich hergestellten Teile (Inkremente) in mehreren Ausbaustufen schlussendlich das vollständige IT-System."*[42]

Zunächst wird hierzu das Gesamtzielsystem in zusammengehörige Teilsysteme aufgeteilt. Die aus den Teilsystemen hervorgehenden Anforderungen werden priorisiert und in der Reihenfolge ihrer Priorität entwickelt. Die Teilsysteme werden meist iterativ erstellt und dürfen, während der laufenden Entwicklung, in ihren Anforderungen nicht geändert werden. Nach der Fertigstellung eines Inkrements, darf dieses von den Anwendern beurteilt und getestet werden. Sollten Fehler oder Anforderungen hinzukommen, so wird das System entsprechend durch eine neue Iterationsstufe erweitert.[43]

---

[41] Vgl. [SOMMERVILLE12], S. 58
[42] [RUF08], S. 32
[43] Vgl. [FRITZSCHE07], S. 16 ff

Die Einsatzmöglichkeiten entsprechen weitestgehend denen der evolutionären Vorgehensmodelle, mit der Ausnahme, dass der Faktor Sicherheit einen höheren Stellenwert einnimmt, da keine Änderungen innerhalb der Entwicklung eines Inkrementes zulässig sind und diese nach ihrer Fertigstellung einzeln geprüft werden.

Vorteile

- Es können frühzeitig Systemteile präsentiert werden, welche auch als Prototypen genutzt werden können
- Sollte das Projekt scheitern, so können die bereits fertiggestellten Teilsysteme weiter verwendet werden
- Da die wichtigsten Teilsysteme zuerst entwickelt werden, werden diese mit einer erhöhten Frequentierung auf Fehler hin untersucht[44]
- Durch flexible Aufgabenverteilung kann der Ressourceneinsatz gut geplant werden und somit u.a. Wartezeiten vermindert werden[45]
- Da die Grundstruktur von Anfang an bekannt ist, bleibt die Softwarearchitektur, in Relation zu den evolutionären Vorgehensmodellen, stabil

Nachteile

- Die Einteilung der Inkremente kann sich schwierig gestalten; besonders bei Einschüben von Anforderungsänderungen
- Systemübergreifende Elemente und Funktionen lassen sich schlecht in Inkremente einteilen/ zuteilen
- Etablierte Unternehmen haben Probleme ihre alten Herangehensweisen mit einzubeziehen[46]
- Die Sicherheit und Qualität kann durch die Systemstückelung nicht vollständig gewährleistet werden

---

[44] Vgl. [SOMMERVILLE12], S. 60
[45] Vgl. [PRESSMANN01], S. 36
[46] Vgl. [SOMMERVILLE12], S. 60 f

2.1.4 EVOLUTIONÄRE VORGEHENSMODELLE

Evolutionäre Vorgehensmodelle beinhalten sowohl iterative (sich wiederholende) als auch inkrementelle (Systemaufteilende) Vorgehensweisen. Das evolutionäre Vorgehen baut auf der Grundidee auf, nicht sämtliche Anforderungen zum Projektstart zu definieren, sondern diese etappenweise zu ermitteln und mit ihnen Schritt für Schritt (iterativ) das Zielsystem zu entwickeln. Dieses Vorgehen kann, besonders in der Webentwicklung, von Vorteil sein, da es zahlreiche Möglichkeiten, aufgrund der stufenweisen Anforderungsermittlung, anbietet. Beginnend mit der Projektidee als Kern, wird das System in einer Reihe von Versionen bis zur Vervollständigung realisiert. Mittels einer kontinuierlicher Feedback- und Erfahrungssammlung, während der Entwicklung, werden die Erwartungen des Auftraggebers zu einer höheren Wahrscheinlichkeit, gegenüber sequenziellen und nebenläufigen Vorgehensmodellen, erfüllt.[47]

> *"Evolutionary prototyping is especially useful, when requirements are changing rapidly, when your customer is reluctant to commit to a set of requirements, or when neither you nor your customer understands the application area well. It is also useful when the developers are unsure of the optimal architecture or algorithms to use. It produces steady, visible signs of progress, which can be especially useful when there is a strong demand for development speed."* [48]

Diese Vorgehensweise eignet sich besonders für kleine bis mittlere Systeme, bei denen Anforderungen im Vorhinein nicht eindeutig bestimmbar sind. Bei großen Projekten empfiehlt sich ein gemischter Ansatz, der die besten Eigenschaften des Wasserfall-Modells und des evolutionären Entwicklungsmodells vereinigt, da mit steigender Anzahl der Kommunikations- und Koordinationsaufwand überproportional ansteigt.[49] Bei sicherheitsrelevanten Systemen ist dieses Modell nicht empfehlenswert, da hierzu sämtliche Anforderungen von Beginn an bekannt sein sollten, um eine lückenlose Sicherheit zu gewährleisten.[50]

---

[47] Vgl. [FRITZSCHE07], S. 11 ff
[48] [MCCONNELL96], S. 147
[49] Vgl. [SOMMERVILLE01], S. 69 f
[50] Vgl. [MCCONNELL96], S. 147 f

Vorteile

- Durch die stufenweise Entwicklung gewinnen Projektbeteiligte ein besseres Verständnis für das Problem/ erfahren einen Lernprozess[51]
- Das Modell tritt aufgeschlossen gegenüber Anforderungsänderungen auf
- Es bringt frühzeitig eine präsentationsfähige Version des Zielsystems hervor (Pilot-Prototyp)[52]
- Die Teilprojekte ermöglichen eine gute Übersicht über das Gesamtsystem und ermöglichen so eine gute Projektsteuerung und Bestimmung der Entwicklungsrichtung[53]

Nachteile

- Wenn das Grundgerüst des Systems unzureichend flexibel ausgelegt ist, können ggf. Anforderungsänderungen nicht auf diesem aufgesetzt werden und das Grundsystem muss aufwändig überarbeitet werden[54]
- Da der Umfang der Arbeit unvorhersehbar ist, ist die Planung des Projektes und die vertragliche Gestaltung nur schwer realisierbar[55]
- Systeme, die auf diesen Modell beruhen, sind i.d.R. schlecht strukturiert; deshalb ist u.a. dieses Modell für sicherheitskritische Systeme nicht zu empfehlen
- Die Herangehensweise benötigt einen hohen Kommunikations- wie Koordinationsaufwand[56]
- Etablierte Unternehmen haben Probleme ihre alten Herangehensweisen mit einzubeziehen[57]

---

[51] Vgl. [SOMMERVILLE01], S. 59
[52] Vgl. [BUNSE02], S. 14 f
[53] Vgl. [KOORD09]
[54] Vgl. [BALZERT98], S. 122
[55] Vgl. [MCCONNELL96], S. 147 f
[56] Vgl. [SOMMERVILLE01], S. 59
[57] Vgl. [SOMMERVILLE12], S. 60 f

2.1.5   AGILE VORGEHENSMODELLE

Die agile Softwareentwicklung ist kein im klassischen Sinn gemeintes Vorgehensmodell, *„da Schwerpunkte vielmehr auf Werte und Praktiken statt auf organisatorische Rahmen gelegt werden."[58]*

Das bedeutet, dass die agile Methodik in geeigneten Vorgehensmodellen eingesetzt werden kann, da es sich hier um ein Paket bestehend aus Richtlinien, Vorschlägen und Wertevermittlung handelt. Die Werte/ Prinzipien, um die es bei der agilen Softwareentwicklung geht, werden im agilen Manifest aufgelistet, der sich im Anhang dieser Arbeit (siehe Abschnitt 6A) befindet.

Das Ziel der agilen Softwareentwicklung ist es, den Prozess der Entwicklung möglichst flexibel und schnell zu gestalten. Dabei soll die Entwicklung sich mehr auf die zu erreichenden Projektziele konzentrieren und auf soziale sowie technische Probleme eingehen (der Prozess richtet sich auf die Codeerstellung). Die agile Softwareentwicklung möchte sich dabei bewusst von traditionellen Vorgehensmodellen abgrenzen und verzichtet zum Wohle der Entwicklungsgeschwindigkeit auf eine sorgsame Dokumentation.[59]

Agile Methoden werden oft in Bezug auf Webentwicklung genannt, da sich die Anforderungsermittlung hier oftmals schwierig gestaltet. Oft stehen den Stakeholdern lediglich Ideen zur Verfügung, ohne Geschäftslogik oder Vorstellung der Umsetzung; dabei soll die Webanwendung möglichst schnell veröffentlicht werden. Diese und weitere Probleme greift die agile Softwareentwicklung auf. Aus diesem Grund wird das agile Vorgehen oft in evolutionären Vorgehensmodellen eingesetzt. Der agilen Methode gehören u.a. das Scrum-Framework (siehe 2.2.5) und das eXtreme Programming (siehe 2.2.6) an.

---

[58] [HINKEL11]
[59] Vgl. [SCHNEIDER12], S. 41

Vorteile

- Die enge Zusammenarbeit mit den Auftraggebern/ den Benutzern führt zu mehr Zufriedenheit und damit zur Risikominimierung
- Bringt frühzeitig eine präsentationsfähige Version des Zielsystems hervor
- Qualitätssteigerung durch kontinuierliche Ergebnisrückkopplung
- Die Fluktuation der Projektmitarbeiter kann sinken, da sich diese durch die engere Zusammenarbeit eher mit dem Zielsystem identifizieren können[60]

Nachteile

- Wenn das Grundgerüst des Systems unzureichend flexibel ausgelegt ist, können ggf. Anforderungsänderungen nicht auf diesem aufgesetzt werden und das Grundsystem muss aufwändig überholt werden[61]
- Da der Umfang der Arbeit unvorhersehbar ist, ist die Planung des Projektes und die vertragliche Gestaltung nur schwer realisierbar[62]
- Es fordert den Entwicklern ein hohes Maß an Disziplin, Teamfähigkeit, Akzeptanz und Ehrlichkeit ab
- Es besteht die Gefahr des Verrennens in aufwendige/ unnötige Features[63]
- Die Kommunikation und Koordination aller Beteiligten gestaltet sich schwierig
- Etablierte Unternehmen haben Probleme ihre alten Herangehensweisen mit einzubeziehen[64]

---

[60] Vgl. [MARIE11]
[61] Vgl. [BALZERT98], S. 122
[62] Vgl. [MCCONNELL96], S. 147 f
[63] Vgl. [SCHREY09], S. 1
[64] Vgl. [SOMMERVILLE12], S. 60 f

2.2 KONKRETE VORGEHENSMODELLE

In diesem Kapitel werden konkrete Vorgehensmodelle mit ihren Ausprägungen und Besonderheiten betrachtet. Die methodischen Spezifikationen werden dabei außer Acht gelassen, da diese je nach Projekt individuell angepasst werden sollten.

Die strikte Einhaltung der konkreten Vorgehensmodelle ist dabei keine Pflicht. Diese können nach dem Projektgegebenheiten abgewandelt werden (Tailoring) oder untereinander gemischt, bzw. kombiniert werden. Dabei sollte darauf geachtet werden, dass die Schöpfer dieser Modelle sich etwas bei deren Aufbau gedacht haben.

Projektverantwortliche sollten, vor dem Projektbeginn, ein, für das Projekt geeignetes, Vorgehensmodell finden und es ggf. den Rahmenbedingungen entsprechend anpassen.[65]

2.2.1 AD-HOC-VORGEHEN

Ein Ad-hoc-Vorgehen ist kein Vorgehensmodell, da es keinerlei Richtlinien, Prozesse oder Methoden vorschreibt; das bedeutet, dass es auf eine Vielzahl *„[...] improvisierter Handlungen, die spontan aus der Situation heraus entstehen [...]"*[66], beruht.

Ein Großteil von Webprojekten wird noch auf Basis von dem Ad-hoc-Vorgehen bestritten, was auf ein mangelndes Wissen über Vorgehensmodellen zurückzuführen ist.[67] Generell ist von diesem Vorgehen abzuraten. In der Regel ist *„[...] der Einsatz eines ehr ungeeigneten oder suboptimalen Vorgehensmodells in den meisten Fällen immer noch besser als ein Ad-hoc-Vorgehen."*[68]

---

[65] Vgl. [RUF08], S. 66
[66] [SCHNEIDER12], S. 36
[67] Vgl. ebd., S. 36
[68] Ebd., S. 36

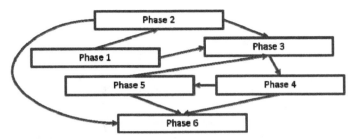

Abbildung 2.3: Beispielhafte Illustration eines Ad-hoc-Vorgehens

Vorteile

- Keinerlei bis kaum Bürokratie und Planungsprozesse
- Besonders einfache Handhabung und für alle Projektbeteiligten/ leicht verständlich
- Überaus flexibel und anpassungsfähig dem Projekt gegenüber

Nachteile

- Ungeeignet für professionelle Webprojekte
- Die Wahrscheinlichkeit zu scheitern (besonders bei großen-/ komplexen Projekten) ist sehr hoch[69]
- Es besteht die Gefahr sich in aufwendige/ unnötige Features zu verrennen[70]
- Durch die schlechte Strukturierung der entwickelten Systeme ist dieses Modell für sicherheitskritische Systeme nicht zu empfehlen
- Lediglich geeignet für Projektteams mit bis zu drei Projektmitarbeitern

---

[69] Vgl. [SCHNEIDER12], S. 36
[70] Vgl. [SCHREY09], S. 1

2.2.2 SCHLEIFENMODELL

Bei dem Schleifenmodell, auch (weiterentwickeltes) Wasserfallmodell genannt, wird zum Schluss einer jeden Phase eine Validierung der Phasenprodukte vorgenommen. Sollten sich bei der Validierung Fehler oder Anforderungsänderungen ergeben, so sieht das Modell vor, dass ein Rückschritt zu der Phase unternommen wird, bei der die Änderung am Projekt vorgenommen werden muss. Von dieser Phase aus durchläuft das Projekt regulär die folgenden Phasen; so wird eine saubere Implementierung gewährleistet. Damit verhält sich das Schleifenmodell sequenziell und übernimmt somit deren Vor- & Nachteile.[71]

Dieses Vorgehensmodell eignet sich gut, wenn alle Anforderungen im Vorfeld erhoben werden können, die Möglichkeit von Anforderungsänderungen als gering geschätzt wird und es sich um ein kleines Entwicklungsprojekt handelt.[72]

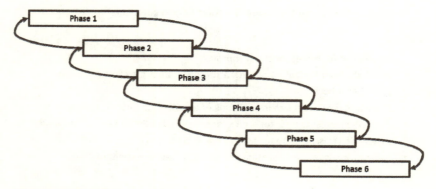

Abbildung 2.4: Illustration des Schleifenmodells

---

[71] Vgl. [JENNY01], S. 64
[72] Vgl. [RUF08], S. 32

Vorteile

- Einfacher und gut überwachbarer Projektablauf für alle Projektbeteiligten
- Es ist kompatibel mit anderen Projektklassen (für unreine Softwareprojekte)[73]
- Sehr gute Strukturierung und Dokumentation vom Projekt
- Relativ einfache Gestaltung von Projektverträgen[74]
- Sehr gute Skalierbarkeit
- geringes Kosten- und Zeitrisiko für den Auftraggeber
- Widerspruchsfrei - anders als andere Vorgehensmodelle[75]

Nachteile

- Es ist kein richtiges Chancen- und Risikomanagement möglich[76]
- Spätere Anwender werden nur zu Beginn und zum Ende im Projekt eingebunden
- Sichtbare Ergebnisse sind erst spät im Projektverlauf sichtbar
- Es müssen früh weitreichende Festlegungen getroffen werden
- Niedrige Ressourcenauslastung durch ggf. auftretende Wartezeiten[77]
- Entwickler wenden oft Tricks in der späteren Implementierung an, um Probleme aus den ersten Phasen auszumerzen[78]

2.2.3 SPIRALFÖRMIGES VORGEHENSMODELL

Das Spiralen-Vorgehensmodell ist ein Vertreter der evolutionären Vorgehensmodelle und übernimmt so dessen Vor- wie Nachteile. Bei diesem Modell werden die einzelnen Phasen in einer Spirale mit Windungen iterativ durchlaufen, wobei der Detailierungsgrad mit jeder Iteration zunimmt.[79]

---

[73] Vgl. [SOMMERVILLE01], S. 58
[74] Vgl. [FRITZSCHE07], S. 9
[75] Vgl. [SOMMERVILLE01], S. 58
[76] Vgl. ebd., S. 58
[77] Vgl. [RUF08], S. 31
[78] Vgl. [SOMMERVILLE01], S. 58
[79] Vgl. [JENNY01], S. 66

Das Spiralen-Modell kann dabei so in Phasen aufgeteilt werden, dass zunächst die Anforderungen erhoben werden, danach werden die Risiken untersucht und im Anschluss beginnt die Entwicklung, gefolgt von den Tests. Diese Phasen bilden dann eine Iteration, also eine Windung in der Spirale. Ist die Iteration abgeschlossen, so fängt die nächste Windung und somit alle Phasen wieder von vorne an, wobei immer weitere Subsysteme und Funktionen implementiert und erweitert werden können, bis das Zielsystem fertiggestellt ist.[80]

Dieses Modell eignet sich für mittlere bis große Projekte, dessen Ressourcen begrenzt sind und schnelle Fortschritte sichtbar sein müssen.[81]

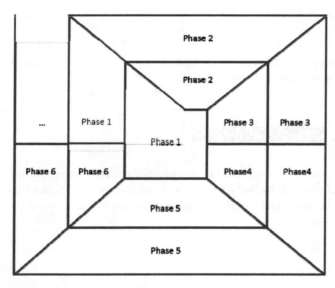

Abbildung 2.5: Illustration des Spiralmodells

---

[80] Vgl. [JENNY01], S. 66
[81] Vgl. [BALZER98], S. 133

Vorteile

- Risikoprävention wird großgeschrieben und expliziert betrachtet[82]
- Auf Anforderungsänderungen und erkannte Fehler wird dynamisch reagiert
- Das Modell kann über den gesamten Entwicklungszyklus des zu entwickelnden Systems angewandt werden[83]
- Die Grundlage dieses Vorgehensmodells ist sehr flexibel, u.a. können andere Vorgehensmodelle als „Spezialfälle" eingebunden werden[84]
- Durch die iterative Entwicklung gewinnen Projektbeteiligte ein besseres Verständnis für das Problem/ erfahren einen Lernprozess[85]
- Es bringt frühzeitig eine präsentationsfähige Version des Zielsystems hervor (Evolutionärer-Prototyp)[86]

Nachteile

- Stakeholder sind oft schwer davon zu überzeugen, dass dieses Modell kontrollierbar ist, da es auf einen hohen Managementaufwand angewiesen ist
- Es benötigt Expertenwissen rund um das Risikomanagement[87]
- Wenn das Grundgerüst des Systems unzureichend flexibel ausgelegt ist, können ggf. Anforderungsänderungen nicht auf diesem aufsetzen und das Grundsystem muss kostenintensiv überarbeitet werden[88]
- Da der Umfang der Arbeit unvorhersehbar ist, ist die Planung des Projektes und die vertragliche Gestaltung schwer realisierbar[89]
- Systeme, die auf dieses Modell beruhen, sind i.d.R. schlecht strukturiert; deshalb ist das Modell für sicherheitskritische Systeme nicht zu empfehlen
- Etablierte Unternehmen haben Probleme ihre alten Herangehensweisen in den Prozess mit einzubeziehen[90]

---

[82] Vgl. [SOMMERVILLE12], S. 78
[83] Vgl. [PRESSMANN01], S. 37 f
[84] Vgl. [BALZER98], S. 132 f
[85] Vgl. [SOMMERVILLE01], S. 59
[86] Vgl. [BUNSE02], S. 14 f
[87] Vgl. [PRESSMANN01], S. 38
[88] Vgl. [BALZERT98], S. 122
[89] Vgl. [MCCONNELL96], S. 147 f
[90] Vgl. [SOMMERVILLE12], S. 60 f

2.2.4   V-MODELL

*„Das V-Modell ist eine Erweiterung des sequentiellen Modells durch die In-
tegration der Qualitätssicherung."* [91]

Das grundlegende Prinzip des V-Modells ist es, dass eine Trennung der konstruktiven von
den prüfenden Aktivitäten stattfindet. Diese zwei Aktivitäten werden auf einer V-Achse
einander gegenübergestellt. Zwischen einem Aktivitäten-Paar sitzen die Interaktions-
achsen, auf denen die erarbeiteten Erkenntnisse der jeweiligen Aktivitäten dargestellt
und berücksichtigt werden können. [92]

Das bedeutet, dass wenn die Entwicklungsphasen abgeschlossen sind, werden die Ergebnisse dieser rückwärtsgewandt getestet. Dabei werden stets nur die Entwicklungsergeb-
nisse getestet, welche parallel auf der jeweiligen semantischen Ebene stehen. Die verschiedenen Testfälle und Anwendungsszenarien werden aus den Anforderungen und dem
Grobkonzept des Projektes gewonnen; so wird die Vollständigkeit und Sicherheit des Projektergebnisses gewährleistet. Durch dieses Verfahrensmodell wird eine hochwertige
Qualitätssicherung gewährleistet mit der Einbuße der Schnelligkeit und Flexibilität. [93]

*„Phasen und zeitliche Abläufe stehen nicht im Vordergrund. Es ist sehr stark
formalisiert und dokumentenzentriert und muss vor der Anwendung angepasst werden ("Tailoring")."* [94]

Dieses Vorgehensmodell ist für große Projekte mit hohen Qualitätsansprüchen bestens
geeignet, bei denen die Anforderungen größtenteils am Anfang feststehen. Das Modell ist
organisationsfrei, sollte allerdings entsprechend dem Projekt(-umfeld) angepasst werden.

---

[91] [KOORD09]
[92] Vgl. [JENNY01], S. 65
[93] Vgl. [KOORD09]
[94] Vgl. [HORN07]

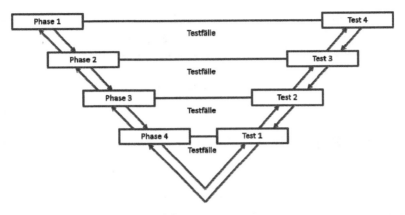

Abbildung 2.6: Illustration des V-Modells

Vorteile

- Lässt sich entsprechend des Projektumfeldes gut anpassen (Tailoring)
- Ist für große Projekte gut geeignet (besonders für eingebettete Systeme)
- Ermöglicht eine detaillierte Betrachtung der Systemerstellung, der Qualitätssicherung, des Konfigurationsmanagements und des Projektmanagements[95]
- Die regulierten Vorgehensweisen für den Entwicklungsprozess können als Anleitung im Projekt verwendet werden
- Sehr gute Strukturierung und Dokumentation vom Projekt
- Relativ einfache Gestaltung von Projektverträgen[96]

Nachteile

- Ist, aufgrund der hohen Bürokratie, weniger geeignet für kleine Projekte
- Die im Modell definierten Rollen sind in der Praxis unrealistisch[97]
- Für Deutschsprachige ergibt sich eine verkomplizierte Anwendung, aufgrund teils unglücklich formulierter oder falsch gewählter englischer Begrifflichkeiten[98]
- Spätere Anwender werden nur zu Beginn und zum Ende im Projekt eingebunden

---

[95] Vgl. [RAYMOND03], S. 11
[96] Vgl. [FRITZSCHE07], S. 9
[97] Vgl. [RAYMOND03], S. 11
[98] Vgl. [BENAD04], S. 26 f

- Sichtbare Ergebnisse sind erst spät im Projektverlauf sichtbar
- Es müssen früh weitreichende Festlegungen getroffen werden
- Entwickler wenden oft Tricks in der späteren Implementierung an, um Probleme der ersten Phasen auszumerzen[99]
- Niedrige Ressourcenauslastung durch ggf. auftretende Wartezeiten

2.2.5   SCRUM-FRAMEWORK

Das Scrum-Framework (Scrum) ist ein Regelwerk für die Herangehensweise an das Projekt und setzt auf eine agile Herangehensweise. Das Framework ist vom Grundaufbau ein empirisch-inkrementelles Vorgehensmodell mit strengen Vorgaben für das Management.

Das Framework wurde mit dem Gedanken geschaffen, dass Softwareentwicklungsprojekte i.d.R. zu umfangreich sind, um von einem umfassenden Plan erfasst zu werden.

Die Regeln und Herangehensweisen von Scrum sind in dem sogenannten Scrum-Guide enthalten. Scrum zeichnet sich durch seine Einfachheit und gleichzeitig genauen Ablaufvorgaben aus. Es fordert Projektmitarbeiter, durch viel Selbstorganisation und Eigenverantwortung. Durch kontinuierliche Einbeziehung der Stakeholder können regelmäßige Anforderungsänderungen auftreten, welche in Scrum allerdings nicht als Störfaktor angesehen werden.[100]

Scrum kann eingesetzt werden, wenn die Ressourcen von allen Projektbeteiligten flexibel einsetzbar sind und sicherheitstechnische Aspekte nicht im primären Fokus stehen.

---

[99] Vgl. [SOMMERVILLE12], S. 58
[100] Vgl. [STANIEROWSKI12], S. 20 ff

Vorteile

- Durch die transparenten, täglichen Visualisierungen des Projektfortschritts, können Verzögerungen oder Unregelmäßigkeiten schnell gefunden und entsprechende Maßnahmen eingeleitet werden
- Die Kommunikation und Wissensvermittlung wird zwischen den Projektbeteiligten gefördert[101]
- Durch die aktive und kontinuierliche Einbeziehung von Stakeholdern ist die Zufriedenheit bei dieser Beteiligtengruppe hoch[102]
- Es können frühzeitig Systemteile präsentiert werden
- Sollte das Projekt scheitern, so können die bereits fertiggestellten Teilsysteme weiter verwendet werden
- Durch flexible Aufgabenverteilung kann der Ressourceneinsatz gut geplant werden und somit u.a. Wartezeiten verkürzt werden[103]

Nachteile

- Durch die Teilung in einzelne Aufgaben geht der Gesamtüberblick über das komplette Zielsystem oft verloren
- Die ungeregelten Zuständigkeiten können für Querschnittthemen oftmals zu Problemen führen
- Scrum fördert durch das Fehlen der Führungsposition tendenziell kontraproduktive Gruppendynamiken, wie zum Beispiel das Aufschieben von wichtigen Entscheidungen
- Für die Kommunikation geht, wenn das Projekt nicht straff organisiert ist, viel Entwicklungszeit verloren
- Fehler oder Anforderungsänderungen werden oftmals nicht konsequent beseitigt
- Durch fortwährende Anforderungsänderungen kann die optimale Sicherheit und Qualität des Zielproduktes nicht gewährleistet werden[104]
- Es besteht die Gefahr der Verrennung in aufwendige/ unnötige Features[105]

---

[101] Vgl. [KESTLER10], S. 1 f
[102] Vgl. [COLDEWEY02], S. 237
[103] Vgl. [PRESSMANN01], S. 36
[104] Vgl. [KESTLER10], S. 2 f
[105] Vgl. [SCHREY09], S. 1

2.2.6   EXTREME PROGRAMMING

„Extreme Programming is a discipline of software development based on values of simplicity, communication, feedback, and courage. It works by bringing the whole team together in the presence of simple practices, with enough feedback to enable the team to see where they are and to tune the practices to their unique situation." [106]

Das Vorgehen eXtreme Programming (XP) ist ein, durch die Verwendung mehrerer Einzelmethoden, strukturiertes Vorgehensmodell. Es ist durch die Vereinigung verschiedenster „Best Practices" Disziplinen der agilen Softwareentwicklung entstanden. Das grundlegende Vorgehen ist auf das Spiralmodell zurückzuführen, wobei die Regeln des agilen Vorgehens verwendet werden. [107]

XP zeichnet sich, wie Scrum, durch klar definierte Methoden, die strikt bei diesem Vorgehensmodell einzuhalten sind, aus. Dieses Modell geht davon aus, dass die Anforderungen an das Zielsystem nicht vollständig oder gänzlich unbekannt sind. Durch die Anwendung von XP soll eine schnellere Softwareentwicklung ermöglicht werden zu einer höheren Qualität und Zufriedenheit der Stakeholder. [108]

Dieses Vorgehensmodell ist für kleine Projektteams geeignet, welche erfahrene Projektbeteiligte beinhalten. [109]

Vorteile

- Gut geeignet für hochfrequentierte Anforderungsänderungen in Projekten
- Großen Wert wird auf die Soziologie innerhalb der Projektbeteiligten gelegt
- Kontinuierliche Einbeziehung von Anwendern in den Prozess [110]
- Durch wenig Bürokratie und schlankes Auftreten wird der Aufwand minimiert [111]

---

[106] [JEFFRIES01]
[107] Vgl. [RUF08], S. 37 ff
[108] Vgl. [XPWIKI15]
[109] Vgl. [RUF08], S. 44
[110] Vgl. [RUF08], S. 46

- Durch die iterative Entwicklung gewinnen Projektbeteiligte ein besseres Verständnis für ein Problem/ sie erfahren einen Lernprozess[112]
- Es bringt frühzeitig eine präsentationsfähige Version des Zielsystems hervor (Evolutionärer-Prototyp)[113]

Nachteile

- Nach Ruf[114] ist eine Projektunterstützung in virtuellen Teams und verteilten Projekten nicht gegeben
- Benötigt hohen Erfahrungs- und Expertenhorizont innerhalb des Projektteams
- Das Modell ist nur für objektorientierte Programmierung gut geeignet
- XP ist abhängig von leserlichen Programmcode (Komprimierung nicht möglich)[115]
- Die mangelnde Dokumentation ist u.a. für die Wiederverwendung und Weiterentwicklung unvorteilhaft
- Das Vorgehensmodell ist ungeeignet für Einzelkämpfer im Projektteam
- Der Kommunikationsaufwand mit den Stakeholdern wird oft als übertrieben empfunden[116]
- Da der Umfang der Arbeit unvorhersehbar ist, ist die Planung des Projektes und die vertragliche Gestaltung nur schwer realisierbar[117]
- Etablierte Unternehmen haben Probleme ihre alten Herangehensweisen mit einzubeziehen [118]
- Es besteht die Gefahr der Verrennung in aufwendige/ unnötige Features[119]

---

[111] Vgl. [FRITZSCHE07], S. 31 f
[112] Vgl. [SOMMERVILLE01], S. 59
[113] Vgl. [BUNSE02], S. 14 f
[114] Vgl. [RUF08], S. 44
[115] Vgl. ebd., S. 44
[116] Vgl. [FRITZSCHE07], S. 32
[117] Vgl. [MCCONNELL96], S. 147 f
[118] Vgl. [SOMMERVILLE12], S. 60 f
[119] Vgl. [SCHREY09], S. 1

2.3 Phasenmodelle

„Viele Webprojekte sind heute komplexe Software-Entwicklungsprojekte. Es gelten also prinzipiell die gleichen Regeln wie für die Entwicklung von Software für andere Einsatzbereiche, wobei sich Webprojekte durch einige Besonder-heiten auszeichnen." [120]

Innerhalb von Vorgehensmodellen befinden sich die Phasen, welche durch Faktoren wie der Größe des Projektes, die Ressourcen, Zeit, Marktsituation und vieles mehr in ihren Auslegungen beeinflusst werden (Vorgehensausprägungen). Dadurch können für die unterschiedlichen Vorgehensmodelle auch unterschiedliche Phasenmodelle gebildet werden, auch innerhalb eines speziellen Projekttyps. Phasen sind prinzipiell große Arbeitspakete, in denen Methoden, Vorgehensweisen und Arbeitsabläufe beschrieben werden. Phasenmodelle sind die Bündelung von Phasen in einer chronologischen Reihenfolge; es sind Vorschläge, wie ein Projekt arbeitsablauftechnisch verarbeitet werden kann. [121]

„Mit der Aufteilung in Projektphasen wird das Ziel verfolgt, Projekte in jeder Beziehung mit einem vertretbaren Aufwand unter möglichst idealen Bedingungen durchzuführen." [122]

Die Anwendung von klar definierten Phasen hilft den Überblick zu behalten, Zusammenhänge sicherzustellen, sich nicht in Details zu verlieren, das Risiko der Fehlentwicklung zu minimieren und Minierfolge abschließen zu können. Da es unzählige Phasenmodelle gibt, werden hier exemplarisch nur einige, für die Webentwicklung geeignete, genannt: Konzeptionelles evolutionäres 5-Phasenmodell, 3-Phasen-Modell, Phasenmodell nach C.A. Zehnder.

So wie die Vorgehensmodelle untereinander kombinierbar sind (siehe 2.1), so können Phasenmodelle auch, entsprechend den Anforderungen, kombiniert werden. [123]

---

[120] [SCHNEIDER12], S. 36
[121] [JENNY01], S. 66 ff
[122] Ebd., S. 67
[123] Vgl. ebd., S. 66 ff

„Die Einteilung und genaue Bewertung der Phasen ist willkürlich und variiert je nach Ansatz und Sichtweise." [124]

Die richtige Kombination aus den, für das Projekt richtigen Vorgehensmodell, Phasenmodell und Methoden ist einer der wichtigsten Entscheidungen im Projekt und sollte daher gut (am besten vor dem Projektstart) durchdacht werden.

„Um konkrete Projekte zu planen, müssen die Aufwände geschätzt und der Projektplan anhand der individuellen Anforderungen entworfen werden." [125]

2.3.1 PHASEN EINES WEBPROJEKTES

Da bei Webprojekten kein anerkannter Standard existiert, sollen die Phasen in der Webentwicklung methodenneutral betrachtet werden. Da Webprojekte der Projektklassifizierung „Forschungs- und Entwicklungsprojekte" angehören, sind ihre typischen Phasen: Problemanalyse, Konzepterstellung, Produkt definieren, Produktentwicklung, Produkterstellung und Produktion.[126]

Die Auslegung der Phasen ist Projekt(-umfeld) spezifisch und kann nur schwer verallgemeinert werden. Eine beispielhafte Einteilung von Phasen für Webprojekte wird nach dem, von der Webagentur pres.co (heute Wheel-Group), speziell für Webprojekte entwickelten Phasenmodell (Abbildung 2.7), bestehend aus vier Phasen, exemplarisch folgend betrachtet (i.d.R. angewandt für die Erstellung von Internetpräsenzen).

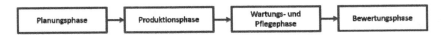

Abbildung 2.7: Phasen eines Webprojektes von der britischen Webagentur pres.co

---

[124] [SCHNEIDER12], S. 37
[125] [STOYAN07], S. 17
[126] Vgl. [PEIPE11], S. 31 f

Planungsphase

In der Planungsphase wird klassisch zunächst untersucht, ob das anstehende Projekt-überhaupt angenommen werden soll. Ist das geklärt, werden die benötigten Ressourcen ermittelt, die Ziele und Anforderungen werden definiert, ggf. wird ein Offs-Line-Prototyp erstellt, Wettbewerber werden, wie die Internetstrategie und die Unternehmensprozesse, analysiert und bewertet. Zudem wird der Leitfaden der Website herausgearbeitet und ein inhaltliches Konzept erstellt. Anhand der gegebenen Daten werden Pläne und Strategien für die Umsetzung herausgearbeitet (mehr dazu unter dem Abschnitt 3).

Produktionsphase

In dieser Phase beginnt die eigentliche Umsetzung.

> *„Web-Applikationen setzen sich in aller Regel aus den Elementen Content*
> *(der textliche Inhalt und eigentliche Informationsträger), den Design-*
> *Elementen*
> *(User-Interface) und clientseitiger wie serverseitiger Programmierung und*
> *Datenbank-Anbindung zusammen."* [127]

Das Projektmanagement muss die Spezialisten, aus einzelnen Elementen/ Disziplinen der Webentwicklung, so koordinieren, dass die Komponenten zeitlich passend fertiggestellt werden und, dass die Teile später im Gesamtsystem zusammenpassen/-arbeiten. In dieser Phase können auch immer wieder Anforderungsänderungen entstehen, welche von dem Management organisatorisch umgesetzt werden müssen.

Die einzelnen Komponenten und das Gesamtsystem sollten immer wieder auf Fehler geprüft werden. Bei den Tests- wie bei den Besprechungen sollten die Stakeholder stets anwesend sein, um das Projekt in die richtige Richtung zu lenken.

Nachdem das Zielsystem fertiggestellt wurde, wird es auf dem Zielserver hochgeladen und eingerichtet. Die Produktionsphase endet mit der Freischaltung des Websystems und die Abnahme durch den Auftraggeber.

---

[127] [SCHNEIDER12], S. 38

Im Rahmen der Garantie, Supportverträge, Werksverträge etc. werden Webprojekte mit den folgenden Phasen weiterbetreut. Da diese Verträge üblich sind, sollten diese Phasen speziell bei Webprojekten beachtet werden.

Wartungs- und Pflegephase

Webprojekte können in der Regel nach ihrer Veröffentlichung nicht einfach sich selbst überlassen werden. Daher ist es wichtig, dass das System eine Zeit lang weiter von Fachkräften betreut wird, damit die Projektziele erreicht werden.

Durch das Feedback der Benutzer, der Auswertung der Browserumsetzung auf den verschiedenen Endgeräten (mit deren verschiedenen Software) und der Analyse des Surf-Verhaltens auf dem System, müssen auftretende Fehler behoben- und Systemanpassungen realisiert werden.

Bewertungsphase

Nachdem das Websystem den Benutzern verfügbar gemacht wurde, sollte eine ausführliche Bewertung des Systems vorgenommen werden. Die Performance auf dem Serversystem, die Log-Dateien, die Nutzungs- wie Reichweiten sollten dabei möglichst regelmäßig nach der Fertigstellung analysiert und ausgewertet werden.

Durch die Bewertung wird über das weitere Schicksal des Websystems entschieden. Aufgrund der Auswertungen kann das System ggf. verbessert und weiterentwickelt werden, um die gesteckten Projektziele (ggf. in Folgeprojekten) zu erreichen.[128]

---

[128] Vgl. ebd., S. 37 ff

2.4 ENTSCHEIDUNG DER VORGEHENSWEISE BEI WEBPROJEKTEN

Ein IT-Projekt sollte vor dem Projektstart eine Festlegung eines Vorgehensmodells mit entsprechenden Phasenmodell und passenden Methoden erfahren. Das Vorgehensmodell sollte nach der Wahl individuell an das Projektumfeld angepasst werden.[129]

„Ein »typisches Webprojekt« gibt es eigentlich kaum, entsprechend ignoriert werden von den Mitarbeitern auch die Versuche einiger Firmen, einen einzigen Standardablauf für alle Projekte des Hauses festzulegen."[130]

Jedes der Vorgehensmodelle hat seine Daseinsberechtigung. Jedes Vorgehensmodell hat seine speziellen Anwendungsfälle; es gibt keinen „Allrounder" unter ihnen. Aus diesem Grund kann nicht pauschal gesagt werden, dass gute oder weniger gute Vorgehen existieren. Es sollte von den Verantwortlichen ein passendes Vorgehensmodell für jedes Projekt individuell bestimmt werden. Bei der Wahl des Vorgehensmodells sollten die folgenden Kriterien (wie zu sehen auf der Abbildung 2.8) beachtet werden: Projektbeteiligte, Projekteigenschaften, Unternehmenskontext und gesetzliche Vorgaben.

Dabei sind die zu wählenden Kriterien in ihrer Auswahl und ihrer jeweiligen Gewichtung individuell an das Projekt und dessen Umgebung anzupassen. In der Tabelle 2.1 auf der Seite 45 werden die in der Arbeit untersuchten konkreten Vorgehensmodelle einander gegenübergestellt. Dabei werden die Eigenschaften und, aus Sicht des Autors, wichtigsten Kriterien aufgeführt. Es erfolgen keine Bewertungen der Modelle, da diese nur mit einer entsprechenden Gewichtung der Kriterien, passend zum Projekt, vorgenommen werden kann.

---

[129] Vgl. [RUF08], S. 66
[130] [STOYAN07], S. 17

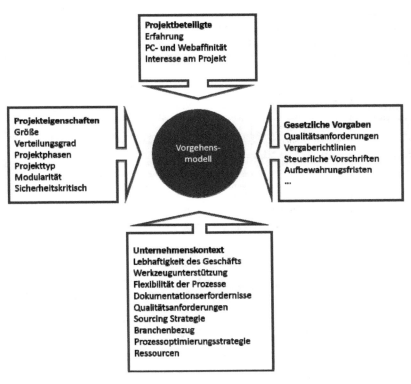

Abbildung 2.8: Wahlkriterien zum Vorgehensmodell auf Grundlage von [SARRE06], S. 22

[STOYAN07][131] merkt dabei an, dass die einzig effektive Arbeitsweise für Webprojekte das weitgehend parallele Arbeiten unter der Berücksichtigung inhaltlicher Zwänge zur Spezialisierung ist. Dabei stellt dieses verzahnte Arbeiten von Design, IT und Co. hohe Anforderungen an das Projektmanagement, ermöglicht jedoch die frühe Fertigstellung.

---

[131] [STOYAN07], S. 90

Kriterien \ VM	Ad-hoc-Modell	Schleifen-Modell	V-Modell	Spiral-förmige-VM	Scrum	eXtreme-Programming
Hauptziel	Keine Bürokratie	Minimaler Managementaufwand	Maximale Qualität	Risikominimierung	Minimale Entwicklungszeit	Kundenzufriedenheit
Konzentrationsschwerpunkt	N.v.	Dokumente	Dokumente	Risiko	Anwender/ Auftraggeber	Code
Anwenderbeteiligung	Flexibel	Anfang und Ende	Anfang	kontinuierlich	kontinuierlich	Intensiv-kontinuierlich
Charakteristika	N.v.	Sequenziell	Sequenziell, Validation, Verifikation	Iterativ, Validation, innovative Projekte fördern	Iterativ, nur Teilsysteme	Iterativ, nur Kernsystem
Projektgröße	Minimal	Klein bis Mittel	Mittel bis Groß	Flexibel	Flexibel	Klein
Zeit-/ Kostenkritisch	Gering	Mittel	Schwer	Mittel	Gering	Mittel
Sicherheits-/ Qualitätskritisch	Gering	Mittel	Schwer	Mittel / Schwer	Gering	Mittel
Anpassbarkeit	Schwer	Gering	Mittel	Beliebig	Mittel	Gering
Präsentationsgeschwindigkeit	Mittel	Langsam	Sehr Langsam	Mittel	Schnell	Schnell
Bürokratie	N.v.	Gering	Schwer	Gering	Gering	Gering
Änderungsfreudigkeit	Mittel	Gering	N.v.	Schwer	Schwer	Schwer
Risikominimierung	N.v.	N.v.	Gering	Schwer	Gering	Mittel
Benötigt	Unprofessionelle Projektumgebung	N.v.	Vordefinierte Anforderungen	Expertenwissen zur Risikobewertung	Expertenwissen zur Richtlinienanwendung	Homogenes Team, schnelles Feedback, Abgeflachte Kostenkurve

Tabelle 2.1: Vorgehensmodelle im Vergleich

Die Tabelle kann als Grundlage zur Evaluierung eines passenden Vorgehensmodells für ein Projekt verwendet werden.

Beispiele

Eine Bank möchte ein neues Online-Banking-Portal aufbauen. Die höchste Priorität gilt dabei der Sicherheit des Systems, aber auch die Softwareergonomie spielt eine wichtige Rolle. Hier bietet es sich an, das V-Modell anzuwenden mit einem nebenläufigen Prototyping. Durch das Prototyping kann die Softwareergonomie ausgiebig getestet werden.

Durch das V-Modell werden die benötigten sicherheitskritischen Systeme entwickelt und entsprechend den Auflagen sorgsam dokumentiert.

Es soll schnellstmöglich eine soziale Plattform entwickelt werden, auf der Fans der Automarke VW ihre Wagen präsentieren, gegenseitig kommentieren und über einen Newsfeed über die neusten Nachrichten in Sachen VW informiert werden. Das Hauptaugenmerk liegt hier in der schnellen Umsetzung und eine einfache Handhabung des Systems, da davon ausgegangen werden kann, dass die Anwender wenig computer- und webaffine Personen sind. Der Auftraggeber ist nicht vom Fach, aber hat Ideen, wie das System später funktionieren soll. Hier empfiehlt es sich eine agile Herangehensweise zu wählen, um den Kunden Schritt für Schritt heranzuführen, um das Zielprodukt entsprechend seinen Vorstellungen und in kürzester Zeit umzusetzen. Konkret könnte das Scrum-Framework auf das Spiralmodell aufgesetzt werden, wobei in der ersten Phase jeweils ein Prototyp aufgesetzt wird.

2.4.1   EINSATZENTSCHEIDUNG VON PROTOTYPING IN WEBPROJEKTEN

Grundlegend sind Prototypen da, um kostenschonend zu erheben, zu testen, zu demonstrieren, zu analysieren, zur Lösungsfindung, zur Risikominimierung und zur Akquisition. Prototyping bedeutet, relevante Teile des Zielsystems zu erstellen, um entsprechende Rückkopplungen für die weitere Entwicklung zu erhalten. Zudem schafft ein Prototyp eine gemeinsame Kommunikationsbasis zwischen den Projektbeteiligten.[132]

Prototyping kann als Phase in einem Vorgehen eines Projektes angesehen werden. Je nach Bedarf kann sich die Nutzung eines Prototyps unterscheiden, dabei entscheidet die gewählte Prototyp-Verwendungsart (siehe 1.3.6 für die verschiedenen Prototyp-Verwendungsarten und deren Funktionen) über die Stellung der Phase innerhalb des Projektes.

Wird die Phase beispielsweise in einem iterativen/ inkrementellen Prozess (d.h. innerhalb einer Entwicklungsphase) eingebunden, so kann dieser durch Weiterentwicklung nicht

---

[132] Vgl. [NIELSEN93], S. 93 f

nur als Wegwerfvariante genutzt werden, sondern auch als Bestandteil des Zielsystems fungieren (Pilotsystem/ evolutionäres Prototyping).

> *„Durch den Einsatz moderner Software-Techniken ist ein gradueller Über-*
> *gang vom Prototyp zum fertigen Produkt möglich."* [133]

Wird hingegen Prototyping der Entwicklungsphase vorausgestellt, so handelt es sich um einen Demonstrationsprototyp oder ein Labormuster. Ist das Prototyping hier abgeschlossen, so kann es entweder verworfen werden oder als konzeptionelle Basis für die weiteren entwicklungstechnischen Phasen verwendet werden.[134]

Die Phase Prototyping kann auch parallel (nebenläufig) zum Entwicklungsprozess laufen (Prototyp im engeren Sinne), *„[...] um spezifische Aspekte der Benutzerschnittstelle oder Teile der Funktionalität zu veranschaulichen. Er trägt dazu bei, dem Anwendungsbereich zu analysieren."* [135]

Der Einsatz von horizontalen Prototyping

Horizontales Prototyping sollte in das Webprojekt eingegliedert werden, wenn die entsprechenden Ressourcen zur Verfügung stehen und einer der folgenden Voraussetzungen erfüllt sind:

- ein Mangel an Vorstellungskraft besteht
- genaue Vorstellungen ohne Konzept sollen umgesetzt werden
- das Zielsystem soll zu Demonstrationszwecken vorgeführt werden
- Anforderungen können ohne prototypische Unterstützung nicht erhoben werden
- die Softwareergonomie muss kostenschonend getestet werden
- der Abgleich von Interessen gestaltet sich schwierig
- der Abgleich von Inhalt und Design o.Ä. (mehr dazu unter 1.3.6)

---

[133] [BALZERT98], S. 117
[134] Vgl. ebd., S. 114 ff
[135] Ebd., S. 115

Beispielanwendungen von horizontalen Prototyping

Ein Unternehmen möchte eine einfache Kundendatenbank anlegen, welche mit einer einfachen Benutzerschnittstelle in einem Intranet gepflegt werden soll. Da die Kunden-Übersicht wie -Eingabemaske sich an die Felder der Datenbank anpasst und keine weiteren Zusätze geplant sind, ist die Darstellung dieser relativ unerheblich. Da die einzugebenden Daten und Relationen innerhalb der Datenbank nicht vollständig erfasst werden können, soll die Datenbankstruktur in einem horizontalen Prototyp, wie in der Abbildung 2.9 zu sehen ist, zunächst einmal abgebildet werden. Aus der schnellen Prototypen-Umsetzung lediglich dieser Datenbankebene, ist es möglich, schnell, zusammen mit dem Feedback des Auftraggebers, die geforderten Datenbanktabelle, -felder und -relationen zu ermitteln.

Abbildung 2.9: Beispiel für einen horizontalen Prototypen auf der Datenbankebene

Der Auftraggeber wünscht sich eine „revolutionäre Eingabe- und Navigationstechnik" für seine neue Cloud-Anwendung. Dafür hat dieser bereits einige Ideen. Da die Anwender der Zielanwendung Vertriebsleiter sind, welche keine besondere Affinität besitzen und i.d.R. keine Lust auf neue Anwendungen haben, muss zunächst mit einem horizontalen Prototypen getestet werden, ob die Vertriebsleiter die Ideen zur neuen Eingabe- und Navigationstechnik verstehen und annehmen. Da die Erstellung der Prototypen schnell und ressourcenschonend ist, können gleich mehrere Ideen getestet und beurteilt werden.

3   PROJEKTVORBEREITUNG UND –START

In den Abschnitten 3-5 werden die typischen Projektphasen und Methoden beschrieben, welche unabhängig vom gewählten Vorgehensmodell, in einem Webprojekt, eingesetzt werden können (die behandelten Schritte sind in der Abbildung 3.1 ersichtlich). Dabei wird das Fallbeispiel die wichtigsten Phasen praxisnahe anwenden.

„Sage mir, wie dein Projekt startet, und ich sage dir, wie es enden wird." [136]

Damit ein Projekt zunächst einmal starten kann, muss der offizielle Startschuss, nach der Prüfung auf Rentabilität, so frühzeitig wie möglich erfolgen. Zur Projektinitialisierung gehört dazu, dass alle möglichen Ziele definiert und Anforderungen erhoben wurden. Ist das zunächst geklärt, können die Planungen über die Termine, Ressourcen und Risiken angelegt werden. Je gründlicher dieser erste Abschnitt des Projektes erarbeitet wurde, desto besser laufen die darauffolgenden Projektphasen.

Projektvorbereitung und -start	Projektdurchführung	Projektende und -betreuung
• Ziele bestimmen	• Systementwicklung	• Abschlussbericht
• Horizontales Prototyping	• Horizontales Prototyping	• Erfahrungssicherung
• Anforderungen formulieren	• Projektsteuerung	• Nachbetrachtung
• Stakeholder-Analyse	• Kommunikationsmanagement	• Abnahme
• Grobplanung	• Änderungs-/ Nachforderungsmanagement	• Nachbetreuung
• Entscheidung		
• Kick-Off-Meeting		
• Projektstrukturplan		
• Risiko- und Chancenplanung		
• Zeitplanung		
• Ressourcenplanung		
• Projektorganisation		
• Kosten- und Cashflowplanung		
• Informations- Kommunikations- und Dokumentationsplanung		
• Projektauftrag		

Abbildung 3.1: Vom Projektstart bis zum Projektende – Illustration

---

[136] Unbekannter Autor

Zum Thema Webprojekte im Allgemeinen kann [STOYAN07] empfohlen werden. Für ein übersichtliches Allgemeinwissen rund um das Projektmanagement kann der Pocket Power Guide [KAMISKE11] und für ein tieferes und umfassendes Wissen rund um IT-Projektmanagement kann [TIEMEYER07] und [JENNY01] empfohlen werden.

3.1 PROJEKTINITIALISIERUNG

In diesem Projektabschnitt wird hauptsächlich definiert, kontrolliert, analysiert und geschätzt. Durch eine planvolle, zielgerichtete und strukturierte Herangehensweise kann der Übergang in den kontrollierten Projektstart gelingen.[137]

Die Projektinitialisierung entscheidet für das Durchführen eines Projektes und legt die Basis für sämtliche weitere Ausarbeitungen im Webprojekt.

Der Auftrag

Herr Mustermann tritt an das Unternehmen heran mit den folgenden Worten: „Ich möchte eine Seite haben, auf der Kunden von daheim aus durch meinen Laden gehen können und sich dabei alle Waren anschauen können. Es soll etwas innovatives sein, was bei der Eröffnung medienwirksam ausgeschlachtet werden kann. Dabei soll mir aber ja nicht das Flair meines Ladens verloren gehen! - nicht so 08-15.".

Nachdem sich ein erfahrener Mitarbeiter zum Gespräch dazu gesetzt hat, geht hervor, dass Herr Mustermann eine interaktive Internetseite für sein Unternehmen erstellen lassen möchte, auf dem die einzelnen Produkte vorgestellt und von Benutzern geteilt werden können. Zudem soll es den Anwendern möglich sein, einen Termin für eine Kundenberatung zu buchen. Herr Mustermann besteht dabei darauf, dass die Seite auf allen aktuellen Geräten laufen soll. Die Seite kann statisch erstellt werden bis auf die Produktauswahl, welche täglich von Mitarbeitern gepflegt werden muss.

---

[137] Vgl. [KAMISKE119], S. 31 f

3.1.1   ZIELE BESTIMMEN

„Die saubere Zielfindung und Formulierung ist eine essentielle Voraussetzung für den erfolgreichen Verlauf und Abschluss eines Projektes." [138]

Um feststellen zu können, wann ein Projekt abgeschlossen ist, respektive Meilensteine abgeschlossen sind, sollten klare ergebnis- und resultatbezogene Erfolgsdefinitionen formuliert werden. Ein Projektziel ist somit die Gesamtheit von Einzelzielen, die durch ein Projekt verwirklicht werden sollen. Mit konkreten Zielen und detaillierten Kriterien können Ressourcen effizient für die Zeit des Projektes verwendet werden. [139]

Die Zieldefinitionen sollten, um den genauen Anforderungen zu entsprechen, nach den SMART-Kriterien formuliert werden (**S**pezifisch konkret, **M**ess- und Überprüfbar, **A**ktuell, **R**ealistisch und **T**erminiert).

Um wiederholende Diskussionen zu vermeiden, ist es zudem wichtig, die so formulierten Ziele in einer Rangfolge zu gliedern, um die Priorität dieser zu kennzeichnen. Zusätzlich sind sie für eine erfolgreiche Zusammenarbeit zwischen den Stakeholdern und dem Projektteam essentiell. [140]

Der Projektverantwortliche (i.d.R. der Projektleiter) sucht sich drei erfahrene Mitarbeiter aus dem Unternehmen, mit denen die wichtigsten Planungspunkte geklärt werden sollen. Als erstes werden die Ziele für das bevorstehende Projekt zusammen formuliert. Dabei wird darauf geachtet, dass die SMART-Kriterien angewendet werden.

---

[138] Vgl. [DREES10], S. 28
[139] Vgl. [KAMISKE11], S. 12 ff
[140] Vgl. [PEIPE11], S. 68

Ziele	<ul><li>Es wird eine Präsentationsplattform des Schmuckgeschäftes erstellt</li><li>Die Produkte können einzeln präsentiert werden in Text, Bild, Ton, 3D-Model und Video</li><li>Die Plattform beinhaltet neueste Technologien (HTML5)</li><li>Die Plattform verkörpert optisch das Ladengeschäft</li><li>Die Fertigstellung erfolgt bis Mitte des Jahres (30.06.2015)</li><li>Die Plattform läuft auf allen aktuellen Systemen (nicht älter als 2 Jahre)</li><li>Anwender können Termine buchen</li><li>Produkte können im Backend hinzugefügt und bearbeitet werden</li><li>Kunden können im Backend hinzugefügt und bearbeitet werden</li><li>Die Plattform ist rechtskonform</li><li>...</li></ul>
Zu erwartender Nutzen	<ul><li>Erhöhte PR für das Geschäft</li><li>Erhöhter Umsatz im Geschäftsladen</li><li>...</li></ul>
Zu erwartende Ergebnisse	<ul><li>Flair des Geschäftes vermitteln</li><li>Neugierde wecken</li><li>...</li></ul>
Zielgruppe	<ul><li>Medienlandschaft</li><li>Reiche Personen</li><li>Mittelschicht mit besonderen Wünschen</li><li>...</li></ul>

Tabelle 3.1: Projektziele bestimmen

3.1.2 HORIZONTALES PROTOTYPING (OFF-LINE-PROTOTYPING)

Off-line-Prototypen (sogenannte Papierprototypen) können schnell, auch von nicht-Programmierern, erstellt werden und werden gewöhnlich in der Startphase des Projektes als Wegwerf-Prototyp erstellt. Zu ihnen gehören Papierskizzen, Illustrationen, Story-Boards, Mock-ups und Videosequenzen.

Durch die schnelle, kostengünstige und fachungebundene Umsetzung dieser Prototypen können mehrere Alternativen angelegt und von allen Interessierten angefertigt werden. Durch die schnelle Erstellung kann ein umgehendes Feedback eingeholt werden, was zu einer gemeinsamen Basis führt, wodurch eine verbesserte Kommunikation, u.a. zwischen den Stakeholdern und den verschiedenen webspezifischen Disziplinen, stattfinden kann.

Programmiertechnische oder mit Tools erstellte Prototypen neigen dazu die Kreativität einzuschränken, da diese durch Vorgaben und Restriktionen die Sichtweise verzerren. Mit den Off-line-Prototypen können neue Ansätze und verschiedenste Alternativen erstellt werden, um die beste Lösung für das angestrebte Zielsystem zu finden.[141]

Mit dem Off-line-Prototyping kann frühzeitig ein gemeinsamer Konsens geschaffen werden, auf denen sich alle Beteiligten verstehen. Zudem können Anforderungen erhoben werden, welche ansonsten ggf. unbeachtet geblieben wären. Diese Art von Prototypen kann zusammen mit allen Beteiligten erstellt werden, z.B. in einem internen Kick-Off-Meeting (siehe 3.1.7).

Es wurden händisch zwei Skizzen vom Designerteam angelegt. Sowohl für die Desktopvariante, als auch für die mobile- bzw. klassische Variante des Internetauftritts des Schmuckgeschäftes (zu sehen in der   Abbildung 3.2 und Abbildung 3.3).

---

[141] Vgl. [LAFON02], S. 1007 ff

Abbildung 3.2: Off-line-Prototyp der innovativen Desktop-Variante

Abbildung 3.3: Off-line-Prototyp der mobilen Variante von der
Produktdetailansicht

3.1.3 ANFORDERUNGEN FORMULIEREN

Mit den Anforderungen verhält es sich ähnlich wie mit der Zielbestimmungsfindung. Projektanforderungen sind Darstellungen von Bedingungen, die ein Problem lösen- oder ein Ziel erreichen sollen.

Es ist wichtig, Anforderungen zu ermitteln und präzise zu formulieren. Dabei sollten die Anforderungen mit den Stakeholdern und dem Projektumfeld verbindlich abgestimmt und gemeinsam vereinbart werden, um hoch frequentierte Diskussionen und Diskrepanzen in beispielsweise der Interpretation präventiv zu unterbinden.[142]

Um die Projektanforderungen zu formulieren, sollte ausreichend Zeit und Ressourcen in die Ermittlung der Anforderungen investiert werden. Für die Ermittlung der Spezifikationen kann beispielsweise das Know-How der Spezialisten im Projektteam, das Pflichtenheft, gesetzliche Bestimmungen, Altsysteme und Anderes herangezogen werden.

Es hat sich in der Praxis bewährt, die verschiedenen Anforderungen und deren Alternativmöglichkeiten, für ein Webprojekt, in ihrer Priorität zu bewerten, umso entsprechende

---

[142] Vgl. [KAMISKE11], S. 37 ff

Anforderungs-Variations-Klassen zu bilden, welchen wiederum die entsprechenden Ressourcen zugeordnet werden können. So können für die verschiedenen Endprodukt-Variationen entsprechende Kosten ermittelt werden und ein Überblick über die Anforderungen geschaffen werden.[143]

Zusammen mit Mitarbeitern des Unternehmens und externen Experten wird ein Anforderungskatalog erstellt, in dem die Anforderungen an das Zielsystem formuliert werden. Der Katalog wird nach Fertigstellung mit allen Projektbeteiligten verbindlich abgestimmt.

Lauf-Nr.	Anforderung	Erläuterung	Priori-sierung	Kann/Muss	Geschätzte Kosten
1	Impressum	Ein rechtlich korrektes Impressum auf einer Unterseite	Mittel	Muss	800,-- EUR
2	Browserunterstützung	FF 34, IE 11, Safari 7.1, Chrome 31	Mittel	Muss	/
3	Live-Beratung	Die Kundenbetreuung funktioniert via Live-Cam zwischen einem registrierten Kunden und einem Mitarbeiter	Mittel	Kann	1.200,-- EUR
4	Kontaktformular	In der Sektion „Kontakt" können direkt Nachrichten versendet werden	Gering	Kann	400,-- EUR
...	...	...	...	...	...

Tabelle 3.2: Eine Anforderungssammlung für ein Zielsystem

---

[143] Vgl. [STOYAN07], S. 50 ff

3.1.4   STAKEHOLDER-ANALYSE

Stakeholder sind Personen(-gruppen), die ein Interesse an dem (Miss-)Erfolg des Projektes haben oder in irgendeiner Art von ihm betroffen sind. Die Erfahrungen haben gezeigt, dass Webprojekte wesentlich erfolgreicher sind, wenn Stakeholder aktiv in die Planungs- wie Gestaltungsüberlegungen mit einbezogen werden. Die Projektarbeit kann erheblich vereinfacht werden, wenn eine Stakeholder-Analyse als Frühwarnsystem eingesetzt wird, um die Erwartungen und Hindernisse rechtzeitig zu erkennen.

Da Projekt- und Prozesslösungsprozesse im Wesentlichen von den betroffenen Personen(-gruppen) abhängig sind, sollte eine Stakeholder-Analyse folglich zu Beginn erstellt werden. In der Analyse sollten sämtliche Stakeholder aufgelistet werden, dessen Betroffenheit und Gesinnung zum Projekt. Zusätzlich sollten jeweils Maßnahmen, Chancen und Risiken im Vorfeld formuliert werden, welche in entsprechenden Situationen, an den jeweiligen Stakeholder, angewendet werden sollten, damit ein reibungsloser Projektablauf gewährleistet werden kann. Dabei sollte besondere Acht auf jene Personengruppen gelegt werden, welche keinerlei Interesse am Erfolg des Webprojektes haben. Durch diese Methode können beispielsweise bei Unstimmigkeiten einer Interessensgemeinschaft frühzeitig gezielte Promo- und Informationsveranstaltungen veranlasst werden.[144]

In dem angesprochenen Meeting wird zusätzlich, zusammen mit erfahrenen Mitarbeitern, eine Stakeholder-Analyse vorgenommen.

Stakeholder-Analyse für das Projekt: JewelryAwesome0315				
Stakeholder	Betroffenheit	Gesinnung	Argumente	Maßnahmen
Auftraggeber	Hoch	Positiv	▪ Erwartet Ergebnisse ▪ Erwartet Qualität ▪ Erwartet effiziente Arbeit ▪ Erwartet vollste Zu-	▪ Regelmäßige Meetings veranstalten und kontinuierliche Berichterstattung ▪ Einsicht in das Qualitätsmanagement

---

[144] Vgl. [PEIPE11], S. 73 ff

			friedenheit	▪ Gute Projektdurchführung ▪ Ggf. vertraglich eine Diffa- mierung unterbinden
Projektteam	Hoch	Positiv	▪ Erwartet erfolgreiches und abwechslungsrei- ches Projekt ▪ Erwartet Prestige ▪ Eine möglichst perfek- te Umsetzung	▪ Motivation der Mitarbeiter ▪ Nennung der Namen im Zielsystem ▪ Verdeutlichung der Innovation ▪ An Termine erinnern
Mitarbeiter vom Auftrag- geber	Mittel	Mittel	▪ Müssen System zu- sätzlich bedienen ▪ Mögen PC-Arbeit nicht	▪ Frühzeitig über das Projekt informieren ▪ Einbeziehung in die Entwick- lung/ Wünsche einarbeiten
Mitbewerber	Mittel	Negativ	▪ Kunden abwerben	▪ Kundenzufriedenheit gewährleisten ▪ Kontinuierliches Benchmar- king
…	…	…	…	…

Tabelle 3.3: Eine Stakeholder-Analyse für das Fallbeispiel

3.1.5 GROBPLANUNG

Die Grobplanung dient als eine Art Skizze für die ggf. folgenden Prozessschritte und ist zugleich eine erste übersichtliche Quelle, in der sich sämtliche Informationen und Ergebnisse zum Projekt finden lassen.

In der Grobplanung werden die definierten Ziele und Anforderungen zunächst eingefügt. Zudem kommen, neben der vorläufigen Projektorganisation, zusätzlich die Schätzungen zu den Ressourcen-, Zeit- und Kostenaufwänden hinzu.

Bei Webprojekten ist es dabei unerlässlich, dass die einzelnen Aufwände von Spezialisten, der verschiedenen Disziplinen der Webentwicklung, eingeschätzt werden. Dabei sollten möglichst viele Beteiligte zusammenwirken, um möglichst zuverlässige Schätzungen zu erhalten. Dabei wird empfohlen, diesen Prozess gut vorzubereiten und zu moderieren, um die Effektivität und die unterschiedlichsten Ansichten der Schätzer zu fördern.[145]

---

[145] Vgl. [STOYAN07], S. 82 ff

Zusammen mit externen Experten für 3D-gestützte Webanwendungen werden die Aufwände für die einzelnen Anforderungen bestimmt. Zusätzlich wird eine vorläufige Projektorganisation mit den benötigten Befugnissen erstellt und eine grobe Projektstrukturierung vorgenommen. Zusammen mit den Prototypen, den Zielen und den Anforderungen des Projektes wird eine Mappe erstellt (Grobkonzept), für eine übersichtliche Zusammenfassung.

3.1.6 ENTSCHEIDUNG

Ob ein Projekt angenommen und somit durchgeführt werden sollte, ist eine der wichtigsten Entscheidungen für das ausführende Unternehmen. Hierzu sollte die Grobplanung im Vorfeld abgeklärt werden, um eine Übersicht der Projektinformationen vorliegen zu haben, damit die Entscheidung effektiver durchgeführt werden kann. Besonders im Webbereich ist nicht immer der unmittelbare Erlös ausschlaggebend. Der ROI (Return on Investment) ist oftmals eine entscheidende Maßeinheit und sollte eine ordentliche Wirtschaftlichkeitsprüfung erfahren. Ebenfalls kann die Geschäftsstrategie (Backlink-Generierung, Image, Prestige, Eigenwerbung, ...) oder die Notwendigkeit (technisch- wie gestalterisch, beispielsweise eine neue eigene Firmenwebpräsenz) ausschlaggebend sein; diese können allerdings nur schwer wirtschaftlich gemessen werden.[146]

Für eine aussagekräftige Bewertung des Projektes wird eine Projektbewertungsmatrix erstellt:

Kriterium	Gewichtung	Wertung			Gewichtete Punkte
		Hoch (6 Pkt.)	Mittel (3 Pkt.)	Niedrig (1 Pkt.)	

---

146 Vgl. ebd., S. 57

Strategisch	25 %	x			1,5
Dringlich	15 %			x	0,15
Innovativ	20 %	x			1,2
ROI	40 %	x			2,4
Summe	100 %	18 Punkte	0 Punkte	1 Punkt	5,25

Tabelle 3.4: Bewertung eines Projektes anhand des Fallbeispiels

Zusammen mit dem Vorstand des Unternehmens wurde, auch aufgrund der Projektbewertungsmatrix, die Entscheidung getroffen, dass das Projekt realisiert werden soll. Diese Entscheidung ist nicht schwer gefallen, da dieses Projekt eine positive und breite PR für das Unternehmen bedeutet und die lockere Geldpolitik des Auftraggebers keinerlei Zweifel am Gelingen des Projektes aufkommen lässt. Die Sorge, die zu erbringende Leistung nicht stemmen zu können, wurde, durch positive Auftragsanfragen bei externen Dienstleistern, genommen.

3.1.7   KICK-OFF-MEETING

Das Kick-Off-Meeting gilt als Startschuss eines jeden Projektes. In diesem ersten Treffen lernen sich die Projektbeteiligten erstmalig kennen. Mit dem Treffen werden zwei Hauptzwecke verfolgt: Das Projekt vorstellen, Planungen durchsprechen und die Weichen für eine erfolgreiche Teamentwicklung stellen.

Soziologisch sollte das Treffen genutzt werden, um das Team zu formen, den Kontakt und die Kommunikation zu fördern, ein „Wir-Gefühl" zu erzeugen, Verantwortlichkeiten zu klären und Rollen- wie Informationsstrukturen festzulegen.[147]

Für dieses Treffen hat es sich bewährt Teambuilding-Events mit verschieden Kreativmethoden, zu organisieren, um einen optimalen Start in das Projekt zu ermöglichen.

---

[147] Vgl. [PEIPE11], S. 84 ff

Zusammen mit dem Auftraggeber und dem Projektteam wird ein Kick-Off-Meeting veranstaltet. Zunächst wird das Projekt den Anwesenden und dem Unternehmensvorstand präsentiert. Dabei werden die wesentlichen Informationen vermittelt und diskutiert, um sicherzustellen, dass keine Fakten verloren gehen oder vergessen werden. Danach wird im Rahmen eines Workshops, ohne den Vorstand, das Projekt im Detail besprochen. Hierbei wird die Grobplanung durchgesprochen, das Projekt veranschaulicht, die Projektorganisation erörtert und die Projektmitarbeiter auf ihre Zuständigkeit eingewiesen. Zudem werden Informationen für den Projektauftrag gesammelt, wobei die Meinung aller Teammitglieder eingeholt wird.

Als Nächstes wird ein Outdoor-Teambuilding mit den Projektmitarbeitern veranstaltet, um ein Gruppengefühl zu erhalten, sich ggf. kennenzulernen und die Rollen innerhalb des Projektes abzuklären. Bei dieser Aktivität wird der interne Projektname vergeben, was die Identifizierung der Projektmitarbeiter mit dem Projekt erheblich steigert. Folgend der Ablaufplan für das Kick-Off-Meeting:

Agenda für das Kick-Off-Meeting, im Unternehmen, Raum VG 830 (ca. 9 Stunden)			
Projekt: JewelryAwesome0315	Auftraggeber: Herr Mustermann		Termin: 27.02.2015, 10:00 Uhr
Start	Thema	Mittel	Details
10:00	Einstieg		▪ Begrüßung ▪ Kurzvorstellung des Projektverantwortlichen ▪ Ziele des Kick-Off-Meetings klären
10:30	Vorstellungsrunde		▪ Personen stellen sich vor ▪ Die Funktionen und Hintergründe klären ▪ Erwartungen an das Kick-Off klären
11:00	Kick-Off-Regeln	Flip	▪ Regeln klären (Dokumentation, Handys aus, …)
11:30	Projektkurz-präsentation	Beamer	▪ Kurz und prägnant auf das Wesentliche eingehen ▪ Gedacht speziell für Vorstand und Kunden
12:00	Mittags-Pause		
12:40	Projekt(auftrags-)-Besprechung	Beamer	▪ Kraftfeldanalyse aufstellen ▪ …
…	…	…	…

Tabelle 3.5: Agenda für ein Kick-Off-Meeting

3.2   PROJEKTPLANUNG

Die Projektplanung ist ein komplexer Abschnitt eines Projektes. Hier werden Termine, Ressourcen, Kapazitäten, Kosten und die Arbeitspakete geplant. Es muss darauf geachtet werden, dass, unter Berücksichtigung sämtlicher bedeutsamer Faktoren, eine realistische und sorgsame Planung eingehalten wird.[148]

Durch die Änderungsfreudigkeit *„[...] im Webumfeld wird die kaufmännische Planbarkeit herausgefordert. Die klassische Auftragsvergabe zum Fixpreis bietet keine Sicherheit, wenn sich das benötigte Projektergebnis ändert. Kunden benötigen dennoch Kostensicherheit."*[149]

3.2.1   PROJEKTSTRUKTURPLAN

Der Projektstrukturplan bildet die Basis zu den folgenden Planungen und sollte daher mit den entsprechenden Ressourcen bedacht werden. Auf Wunsch kann diesem auch ein Phasenplan, zur besseren Orientierung, vorgeschoben werden. In dem Strukturplan werden die einzeln identifizierten Anforderungen zu Aufgaben (Arbeitspakete) zusammengefasst, um die gesetzten Ziele zu erreichen. Die Zergliederung des Zielsystems kann mit dem Projektstrukturplan übersichtlich erfolgen.

Für Webprojekte eignet sich erfahrungsgemäß der gemischte Strukturplan am besten, da dieser der Forderung nach Vollständigkeit und Übersichtlichkeit vollends gerecht wird. Dabei sollten die Objekte in den oberen Ebenen des Plans untergebracht werden. Damit zeigen diese die Teilaufgaben des Projektes auf. Unter den Objekten reihen sich die Tätigkeiten ein, welche die konkreten Arbeitspakete darstellen. Die Arbeitspakete sollten nach außen in ihrem Detaillierungsgrad eindeutig bewertbar und widerspruchsfrei nach innen sein.[150]

---

[148] Vgl. [DREES10], S. 36 f
[149] [STOYAN07], S. 6
[150] Vgl. [KAMISKE11], S. 42 ff

Bei der Planung sollte auf die Trennung der Spezialgebiete der Webentwicklung geachtet werden, da so, im späteren Planungsverlauf, ggf. verteiltes oder paralleles Arbeiten ermöglicht wird/ die Ressourcenauslastung optimiert werden kann.

Der Projektstrukturplan (PSP) wird von dem Projektteam verfeinert, nachdem er bei dem Kick-Off-Meeting grob entworfen wurde. Hier wird das Projekt in Teilprojekte zerlegt, welche sich aus Teilaufgaben und Tätigkeiten zusammensetzen.

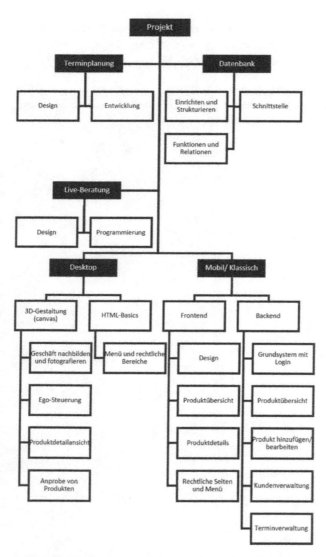

Abbildung 3.4: Ein gemischter Projektstrukturplan für das Fallbeispiel

3.2.2 RISIKO- UND CHANCENPLANUNG

Eine Eigenschaft von Projekten ist, dass sie einmaliger Natur sind; dementsprechend sind diese nicht frei von Risiken. In der Praxis beschränkt sich das Risikomanagement oft nur auf die Risikoanalyse. Um die potentielle Gefahr von Risiken zu minimieren, ist es ratsam, eine Risikobehandlung zu betreiben. Es ist wichtig, Risiken rechtzeitig zu erkennen und schadenshemmende Maßnahmen zu ergreifen. Hierzu sollte für das Risikomanagement eine tabellarische Übersicht erstellt werden, welche die möglichen Risiken für das Projekt identifiziert, bewertet, klassifiziert und vorgefertigte Lösungswege aufzeigt.[151]

Zudem ist es hilfreich, dieses Vorgehen im Chancenmanagement zu wiederhohlen, um potentielle Chancen zu erkennen und Maßnahmen präventiv zu ergreifen.[152]

In einer Sitzung mit den Mitarbeitern wird eine Risikobewertung komplementiert, die zuvor von den aktuell temporären Projektverantwortlichen angelegt wurde.

Risikobewertung für das Projekt: JewelryAwesome0315				
Risiko	Eintritts-wahrschein-lichkeit	Schaden	Vorbeugende Maßnahmen	Schadens-mindernde Maßnahmen
Programmierer-/ Designerausfall	Hoch	Terminverzug	Ersatz präventiv bestimmen und einweisen	Externen Dienstlei-ter bereitstellen
Termin kann nicht gehalten werden	Mittel	Gewinnschmälerung	Gutes Projekt-controlling	Auftraggeber über Sachverhalten re-gelmäßig aufklären
Externe Dienst-leister können nicht liefern	Niedrig	Terminverzug	Sanktionen vertraglich vereinbaren	Alternative Dienst-leister bestimmen
...	...	...	...	...

Tabelle 3.6: Risikobewertung für das Fallbeispielprojekt

---

[151] Vgl. [TIEMEYER07], S. 322 f
[152] Vgl. [PEIPE11], S. 78 ff

3.2.3 ZEITPLANUNG

In der Praxis ist es häufig der Fall, dass feste Deadlines vorgegeben werden. Für einen guten Informationsfluss und eine gute Kommunikation im Projekt ist es wichtig, eine transparente Terminplanung zu erstellen. Basierend auf dem Auftrag, der Vorgehensweise, der Grobplanung und dem Projektstrukturplan sollte ein Zeitplan erstellt werden. Unabhängig davon, ob Deadlines vorgegeben sind oder nicht, ist eine Zeitplanung unerlässlich. Dazu sollten fixe Termine, Zwischentermine und Meilensteine, sowie die Start- und Endzeiten zu den jeweiligen Arbeitspaketen festgelegt werden. Dadurch kann eine effiziente Fortschrittskontrolle und eine wirksame Projektsteuerung initialisiert werden.[153]

Etabliert hat sich die Vorgehensweise, Gantt-Diagramme zur Zeitplanung einzusetzen. Zunächst werden fixe Termine tabellarisch in einer chronologischen Reihenfolge eingegeben. Werden diese Termine festgelegt, sollte darauf geachtet werden, dass sowohl projektinterne wie -externe Größen auf das Projekt einwirken können, welche die Terminplanung beeinflussen können. Zusätzlich ist die Terminplanung von der Risiko- und Chancenplanung beeinflusst und sollte entsprechend beachtet werden. Zwischen den Terminen sollten die vorher definierten Teilaufgaben mit ihren Arbeitspaketen hinzugefügt werden. Die Abhängigkeiten der einzelnen Tätigkeiten untereinander sollten entsprechend ausgewiesen werden und die jeweiligen Start- und Endpunkte dieser sind einzutragen. Bei sämtlichen zeittechnischen Planungen ist stets ein ausreichender Puffer einzutragen, für unvorhersehbare Ereignisse und Ausfälle.[154]

---

[153] Vgl. [JENNY01], S. 272
[154] Vgl. [STOYAN07], S. 88 ff

Zusammen mit erfahrenen Mitarbeitern wird eine Aufstellung des Projektteams erstellt und aus den Tätigkeiten vom Projektstrukturplan werden Arbeitspakete erstellt, welche den Projektmitarbeitern zugeordnet werden. Mithilfe des Tools „Microsoft Project Professionell 2013" werden diese erfasst und verarbeitet. Anhand der eingesetzten Ressourcen, der Arbeitstage und der Aufgabenverteilung ergibt sich somit die zeitliche Aufteilung der Projektdurchführung (Ablaufplanung). Diese wird für alle Projektmitarbeiter gut erkennbar im Flur der Projekträumlichkeiten ausgehängt.

Nr	Vorgangsname	Dauer	Anfang	Ende	Vor-gänger	Ressourcen-kürzel
0	Projekt	18 d	Mon 02.03.15	Mit 25.03.15		
1	Datenbank	0,5 d	Mon 02.03.15	Mon 02.03.15		
2	Einrichten und Strukturieren	4 h	Mon 02.03.15	Mon 02.03.15		DBx
3	Schnittstelle	2h	Mon 02.03.15	Mon 02.03.15		DBx
4	Funktionen und Relationen	2 h	Mon 02.03.15	Mon 02.03.15		DBx
5	Datenbank abgeschlossen	0 d	Mon 02.03.15	Mon 02.03.15		
6	Mobile/ Klassisch	13 d	Die 03.03.15	Don 19.03.15		
7	Frontend	13 d	Die 03.03.15	Don 19.03.15		
8	Design	3 d	Die 03.03.15	Don 05.03.15		D1
9	Rechtliche Seiten und Menü	2 d	Fre 06.03.15	Mon 09.03.15	8	D1;A;P1
10	Produktübersicht	2 d	Die 03.03.15	Mit 04.03.15		P
11	Produktdetails	5 d	Die 10.03.15	Mon 16.03.15		P1;P2
12	Testen	1 d	Die 17.03.15	Die 17.03.15		P1;P2
13	Anpassungen vornehmen	2 d	Mit 18.03.15	Don 19.03.15		D1;P1;P2
14	Frontend fertiggestellt	0 d	Don 19.03.15	Don 19.03.15		
15	Backend	6 d	Mon 02.03.15	Mon 09.03.15		
16	Grundsystem und Login	2 d	Mon 02.03.15	Die 03.03.15		D
17	Produktübersicht	1 d	Mon 02.03.15	Mon 02.03.15		P2
18	Produkt hinzufügen/ bearbeiten	2 d	Mon 02.03.15	Die 03.03.15		P2
19	Kundenverwaltung	2 d	Mit 04.03.15	Don 05.03.15		P2
20	Terminverwaltung	3 d	Die 03.03.15	Don 05.03.15		P2
21	Anpassungen vornehmen	1 d	Fre 06.03.15	Fre 06.03.15		P;P2
22	Testen	1 d	Mon 09.03.15	Mon 09.03.15		P;P2
23	Backend fertiggestellt	0 d	Sam 07.03.15	Sam 07.03.15		
...	...	...	...	...	...	...

Tabelle 3.7: Die Projektzeitplanung, erstellt mit MS Project Professionell 2013

Zudem wird ein Terminplan aufgestellt, welcher übersichtlich die zu veranstaltenen Termine beinhaltet.

Terminplan für das Projekt: JewelryAwesome0315

Termin	Vortragender	Beteiligte	Zeitraum	Form
Statussitzung	Projekt-verantwortlicher	Vorstand, Auftrag-geber	Wöchentlich	Präsentation, Gespräch
Projektsitzung	Projekt-verantwortlicher	Projektteam	2x wöchentlich	Gespräch, ggf. Präsentation
Meilenstein-besprechung	Jeweiliges Projektmitglied	Projektteam, ggf. Auftraggeber	Zum Erreichen des Meilensteins	Präsentation, Gespräch
Projektabschluss	Projekt-verantwortlicher	Stakeholder, Pro-jektteam	Beim Projekt-abschluss	Moderation, Workshop
...	...	...	...	...

Tabelle 3.8: Eine grobe Terminplanaufstellung

3.2.4 RESSOURCENPLANUNG

In der Ressourcenplanung können, anhand der gewonnenen Daten auf der Zeit- und Projektsteuerungsplanung, die benötigten Ressourcen und deren Auslastung ermittelt werden. Der Ressourcenbedarf wird ermittelt, indem jedem Arbeitspaket Projektmitarbeiter, im ausreichenden Maße und mit einer ausreichenden Qualifikation, zugeteilt werden, sodass mittels der Ressourcenverteilung die definierten Termine gehalten werden können. Selbstverständlich können die Ressourcenplanung und die Zeitplanung in ihrer Abarbeitungsreihenfolge getauscht werden; so richten sich die Termine anhand der eingesetzten Ressourcen (i.d.R. lediglich sinnvoll, wenn Deadlines nicht gegeben sind).

Oft wird auch die Auslastung von Betriebsmitteln bei Webentwicklungsunternehmen unterschätzt. Diese sollten in der Ressourcenplanung kongruent zu der Verfügbarkeit von Projektmitarbeitern beachtet werden.[155]

---

[155] Vgl. [JENNY01], S. 245 f

Arbeiten externer Dienstleister sollten in der Planung mit aufgenommen werden, damit die Übersichtlichkeit und Kontrollierbarkeit gewährleistet bleibt. Zudem haben diese, bedingt durch ihre Kosten, in der Kosten- und Cashflow-Planung (siehe 3.2.6) einen maßgeblichen Einfluss und sollten daher in die zentralen Planungsinstrumente mit eingepflegt werden.[156]

Aus der unter dem Punkt 3.2.3 erstellten Zeitplanung und deren Ressourcenzuordnung ergeben sich die „Dienstpläne", welche Auskunft über die Einsätze und Auslastung der jeweiligen Ressourcen geben. Ein Beispiel eines solchen Dienstplanes, erstellt mit Microsoft Project Professionell 2013, kann in der Abbildung 3.5 betrachtet werden.

Abbildung 3.5: Übersicht über den Arbeitsplan der Projektmitarbeiter, erstellt mit MS Project

---

[156] Vgl. [KAMISKE11], S. 88 f

Ressourcenname	Arbeit	02.03.2015 - 08.03.2015							09.03.2015 - 15.03.2015							16.03. - 20.03.2015						
		M	D	M	D	F	S	S	M	D	M	D	F	S	S	M	D	M	D	F	S	S
Programmierer 1	112 h					8h			8h	8h	8h	8h	8h			8h	8h	8h	8h	8h		
Programmierer 2	112 h	8h	8h						8h	8h	8h	8h				8h	8h	8h	8h	8h		
Designer 1	56 h	8h	8h	8h	8h				8h							8h	8h					
externer Dienstleister	96 h	8h	8h	8h	8h	8h			8h	8h	8h	8h	8h			8h	8h					
Datenbankexperte	8 h	8h																				
Anwalt	16 h					8h			8h													
Designer 2	16 h	8h	8h																			
Programmierer 3	80 h	8h	8h	8h	8h	8h			8h	8h	8h	8h	8h									
Programmierer 4	80 h	8h	8h	8h	8h	8h			8h	8h	8h	8h	8h									
Webentwickler	96 h	8h	8h	8h	8h	8h			8h	8h	8h	8h	8h			8h	8h					

Tabelle 3.9: Plankalender zum Ressourcengebrauch, erstellt mit MS Project Professionell 2013

3.2.5 PROJEKTORGANISATION

Die organisatorische Kategorisierung von Webprojekten kann aus theoretischer Sicht mehrere traditionelle Formen annehmen, dazu zählen: Organisation ohne strukturelle Projektausrichtung, Stabsprojektorganisation, Matrix-Organisation und die reine Projektorganisation.[157]

Wie die einzelnen Organisationsformen fungieren soll nicht Bestandteil dieser Bachelorarbeit sein und kann in entsprechender Fachliteratur nachgeschlagen werden.

---

[157] Vgl. [MAYR01], S. 59

3.2.6   KOSTEN- UND CASHFLOWPLANUNG

In der Kostenplanung wird die Höhe des, für die Durchführung des Projektes, benötigten Budgets ermittelt. Zur Ermittlung werden die durch geplante Ressourcen generierten Kosten, Materialkosten, Fremdleistungskosten, Infrastrukturkosten, Projektnebenkosten usw. ermittelt und ausgewertet. Der Kostenplan zeigt, neben den zu erwartenden Gesamtkostendes Projektes, den geplanten zyklischen Kostenverlauf (i.d.R. in der Maßeinheit: Monat) und dient als Grundlage zur Durchführung der Kostensteuerung (siehe unter dem Punkt 4.3, Kostensteuerung).[158]

Um die Kosten zu ermitteln, werden sämtliche Gehälter, Sachaufwände und Investitionen zusammengerechnet. Da die Nebenkosten in den Arbeitsstunden anteilig integriert sind, reicht es, die Stundensätze mit den geplanten Einsätzen der Ressourcen zu multipilieren.

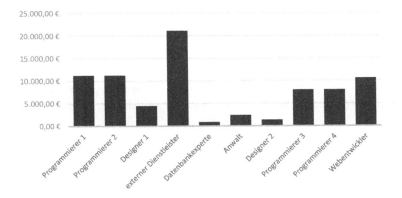

Abbildung 3.6: Diagramm zu den Plankosten von Personal/ Dienstleistungen

Die Kosten ergeben sich aus folgender Tabelle (Kostenaufstellung).

---

[158] Vgl. [KAMISKE11], S. 89 f

Name	Standardsatz	Restarbeit	Kosten
Programmierer 1	100,00 €/Std.	112 Std.	11.200,-- EUR
Programmierer 2	100,00 €/Std.	112 Std.	11.200,-- EUR
Designer 1	80,00 €/Std.	56 Std.	4.480,-- EUR
externer Dienstleister	220,00 €/Std.	96 Std.	21.120,-- EUR
Datenbankexperte	110,00 €/Std.	8 Std.	880,-- EUR
Anwalt	150,00 €/Std.	16 Std.	2.400,-- EUR
Designer 2	85,00 €/Std.	16 Std.	1.360,-- EUR
Programmierer 3	100,00 €/Std.	80 Std.	8.000,-- EUR
Programmierer 4	100,00 €/Std.	80 Std.	8.000,-- EUR
Webentwickler	110,00 €/Std.	96 Std.	10.560,-- EUR
Sachaufwände			2.960,-- EUR
Investitionen			0,-- EUR
Gesamt			82.160,-- EUR

Tabelle 3.10: Kostenaufstellung zum Fallbeispiel, erstellt mit MS Project

3.2.7 INFORMATIONS- KOMMUNIKATIONS- UND DOKUMENTATIONSPLANUNG

„Das Aufarbeiten von Projektinformationen und deren gezieltes Verteilen an
alle Projektbeteiligten ist eine Grundvoraussetzung für den Projekterfolg
[...]"[159]

Hauptzweck der Planung des Informations- Kommunikations- und Dokumentation-systems ist es, dass alle Projektbeteiligten in ihrem individuellen Rhythmus und Umfang nur die Informationen erhalten, die sie benötigen. Aus diesem Grund empfiehlt es sich eine tabellarische Übersicht aller Projektbeteiligten anzulegen, in der verzeichnet ist, wel-cher Beteiligte welche Informationen zur welchen Zeit in welchen Format und über wel-chen Kommunikationsweg erhält und wer dafür verantwortlich ist.

Wichtig ist, dass im Voraus, im schriftlichen- wie auch im mündlichen Bereich, Kommuni-kationsregeln vereinbart werden, um eine qualitativ-hochwertige und professionelle Basis für die Informationsverteilung zu erhalten.[160]

---

[159] [JENNY01], S. 282
[160] Vgl. [TIEMEYER07], S. 332 f

Das Dokumentationssystem sollte in jedem Projekt zu jedem Zustand existieren. Dieses sollte sämtliche Ausarbeitungen zu dem Projekt enthalten (siehe 5.1). Dabei sollte die Dokumentation ein Inhaltsverzeichnis besitzen, indem vermerkt wird, wann welches Dokument von wem eingebracht wurde und um welche Art es sich dabei handelt.

Damit jeder Beteiligte am Projekt die richtigen Informationen und Dokumente im angemessenen Umfang erhält, wird ein Berichtsplan angelegt.

Berichtsplan für das Projekt: JewelryAwesome0315				
Dokument	Verfasser	Empfänger	Versandzeitraum	Form
Statusbericht	Projekt-verantwortlicher	Vorstand, Auf-traggeber	Monatlich	Papier
Situationsbericht	Projekt-verantwortlicher	Unternehmens-vorstand	Vierteljährlich	Präsentation
Arbeitsfortschritt	Jeweiliges Projektmitglied	Projekt-verantwortlicher	Nach Arbeitspaket-fertigstellung	Papier
Teambericht	Projekt-verantwortlicher	Projektteam, Auftraggeber	Zum Termin	Elektronisch
...	...	...	...	...

Tabelle 3.11: Beispiel eines Berichtsplans

Da es sich im Unternehmen bewährt hat, werden Kommunikationsregeln aufgestellt, die vom Projektteam symbolisch gegengezeichnet werden.

Kommunikationsregeln für das Projekt: JewelryAwesome0315	
Situation	Reaktion
Feedbackgespräch	Feedbackregeln beachten (die 12 Grundsätze des Feedback Gebens)
Vielredner	„Rote Karte" zeigen, freundlich aber bestimmt unterbrechen
Zurückhaltender	Direktes Ansprechen, nach individueller Meinung fragen
Streitwütige	Nicht drauf einlassen, Gegenfragen stellen/ auf sachliche Ebene heben
...	...

Tabelle 3.12: Kommunikationsregeln für das Fallbeispiel

Zusätzlich wird mit allen Projektmitarbeitern und den Externen vereinbart, dass sämtliche Dokumente zentral gelagert werden und für alle Beteiligten zu verwalten sind, damit diese fließend in die Dokumentation einfließen können. Diese Dokumente werden im Projektabschluss auch ggf. dazu verwendet, um Erkenntnisse aus dem Projekt zu gewinnen und sie in dem Projekthandbuch des Unternehmens zu archivieren.

3.2.8 PROJEKTAUFTRAG

Der Projektauftrag ist die Zusammenfassung aller bisher gewonnenen Zahlen, Daten und Fakten zum Projekt. Dieser stellt die Basis zum Start der Durchführung dar und sollte für alle Projektbeteiligten sowohl als Richtlinie, als auch als Informationsbasis dienen.[161]

Zudem dient der Projektauftrag dazu, dass alle Beteiligten am Webprojekt dazu gezwungen werden, sich mit den aus den vorherigen Schritten resultierenden Ergebnissen noch einmal sachgerecht auseinanderzusetzen.[162]

Zusätzlich bringt der Projektauftrag allen Projektbeteiligten auf eine Verständigung der Durchführung/ auf einen Konsens der Herangehensweise und verinnerlicht die Daten des Projektes in den Köpfen der Beteiligten. Bei Bedarf kann dieser geändert werden, falls dies erforderlich, bzw. gewünscht wird.[163]

Zur verbesserten Verständigung und als rechtliche Absicherung wird ein umfassender Projektauftrag erstellt, welcher vom Auftraggeber und dem Projektverantwortlichen unterschrieben wird.

Projektauftrag		
Projekt: JewelryAwesome0315	Auftraggeber: Herr Mustermann	Datum: 27.02.2015
Grunddaten		
Projektverantwortlicher	Pat Behrendt	
Kostenstelle/ Auftrag	7287	
Projektdauer	15. Februar 2015 – 31. April 2015	
Projektinhalt	Entwicklung einer maßgeschneiderten Webanwendung für die Präsentation des Ladengeschäfts; Konzepterstellung, Entwicklung, Produktion.	
Meilensteine	<ul><li>30.02.2015 - Abschluss Projektplanung/ Projektvorbereitung</li><li>02.03.2015 – Datenbank abgeschlossen</li><li>19.03.2015 – Mobil/ Klassisch : Frontend abgeschlossen</li><li>...</li><li>31.04.2015 - Projektabschluss</li></ul>	

---

[161] Vgl. [KAMISKE11], S. 32 ff
[162] Vgl. [Tiemeyer07], S. 266
[163] Vgl. [Drees10], S. 26 f

Problem- und Nutzenbeschreibung	
Ist-Situation	▪ Lediglich eine einfache statische Webseite vertritt den Laden ▪ Die Seite wird bei Suchmaschinen nicht gefunden ▪ Kunden meiden die Website ▪ Kein wirtschaftlicher Nutzen durch die Seite ▪ …
Projektziele	▪ Es wird eine Präsentationsplattform des Schmuckgeschäftes erstellt ▪ Die Produkte können einzeln präsentiert werden in Text, Bild, Ton, als 3D-Model und Video ▪ …
Zu erwartende Ergebnisse	▪ Flair des Geschäftes vermitteln ▪ Neugierde wecken ▪ …
Erwarteter Nutzen	▪ Erhöhte PR für das Geschäft ▪ Erhöhter Umsatz im Geschäftsladen ▪ …
Zielgruppe	▪ Medienlandschaft ▪ Reiche Personen ▪ Mittelschicht mit besonderen Wünschen ▪ …

Risikobetrachtung	
Risiken	Programmierer-/ Designerausfall Termin kann nicht gehalten werden 3D- externe Dienstleister können nicht liefern Browser interpretieren den Programmcode unterschiedlich …

Vorschlag Projektteam		
Name	Abteilung	Arbeitszeitraum
Programmierer 1	Programmierung	06.03.2015 – 25.03.2015
Programmierer 2	Programmierung	03.03.2015 – 25.03.2015
Programmierer 3	Programmierung	02.03.2015 – 13.03.2015
Programmierer 4	Programmierung	02.03.2015 – 13.03.2015
Designer 1	Design	03.03.2015 – 19.03.2015
Designer 2	Design	02.03.2015 – 03.03.2015
Webentwickler	Programmierung	02.03.2015 – 17.03.2015
Datenbankexperte	Programmierung	02.03.2015 – 02.03.2015
Anwalt	Rechtsabteilung	06.03.2015 – 09.03.2015
Externer Dienstleiter	Extern	02.03.2015 – 17.03.2015

Kostenschätzung					
Personalkosten		Sachaufwände		Investitionen	
Programmierer 1, 112h, 11.200,-- EUR Programmierer 2, 112h, 11.200,-- EUR Designer 1, 56h, 4.480,-- EUR externer Dienstleister, 96h, 21.120,-- EUR Datenbankexperte, 8h, 880,-- € Anwalt, 16h, 2.400,-- EUR Designer 2, 16h, 1.360,-- EUR Programmierer 3, 80h, 8.000,-- EUR Programmierer 4, 80h, 8.000,-- EUR Webentwickler, 96h, 10.560,-- EUR		Externe Beratungskosten, 1.000,-- EUR Minko Enterprise 3D-Engine, 800,-- EUR Lizenz: three.js, 200,-- EUR Servermiete für ein Jahr, 960,- - EUR		Keine	
672 h	79.200,-- EUR		2.960,-- EUR		0,-- EUR
Anmerkungen: Die Serverkosten sind dauerhafte Kosten, welche jährlich anfallen (im Preis sind 3 Domains enthalten).					

Tabelle 3.13: Beispiel für einen Projektauftrag

X _____   X _____

Herr Mustermann   Pat Behrendt
Auftraggeber   Projektverantwortlicher

4 PROJEKTDURCHFÜHRUNG

Im Projektabschnitt Projektdurchführung werden die konkreten Umsetzungsmaßnahmen vollzogen, überwacht und gesteuert.

„Bei diesen Aufgaben wird man immer wieder feststellen, dass Ausführung und Planung nur selten übereinstimmen. Der IT-Projektleiter ist ständig damit konfrontiert, organisatorische, technische und menschliche Probleme zu meistern. Planänderungen, neue Absprachen und neue Lösungsmöglichkeiten müssen mehrfach überwacht werden." [164]

4.1 SYSTEMENTWICKLUNG

„Die Systemerstellung ist der Prozess, durch Kompilieren und Linken der Softwarekomponenten, externen Bibliotheken, Konfigurationsdateien usw. ein vollständiges ausführbares System zu erzeugen. [...] Die Erstellung ist ein komplexer Prozess, der sehr fehleranfällig ist [...]." [165]

Im Fokus der Projektdurchführung steht die Systementwicklung, mit den, in der Webentwicklung, zahlreichen Einzeldisziplinen, welche zwar voneinander getrennt werden können, allerdings regelmäßiges Feedback voneinander benötigen. Hier ist, unabhängig von dem gewählten Vorgehen, ein ausgereiftes Kommunikationsmanagement gefragt. Die Entwicklung des Zielsystems sollte nach Möglichkeit nach der vorher festgelegten Herangehensweise umgesetzt werden.

---

[164] [RUF08], S. 142
[165] [SOMMERVILLE12], S. 753

Für die Entwicklung wurden verschiedene Modelle miteinander kombiniert, da das Projekt aus Teilprojekten besteht, welche heterogene Schwerpunkte aufweisen. Das Projekt wird zunächst als inkrementelles Gesamtvorgehen angesehen. Unterteilt in Teilprojekte wie: Datenbank, Terminplanung, Live-Beratung, Mobil/Klassisch und Desktop. Anstatt die Teilprojekte in iterativen Zyklen zu entwickeln, wurde entschieden sämtliche Teilsysteme nebenläufig in jeweils einem Schleifenmodell zu entwickeln. Dabei soll der Teilbereich „Desktop" mit seinem innovativen Vorhaben in einem Spiralmodell mit einem Pilotsystem entwickelt werden (siehe Abbildung 4.1).

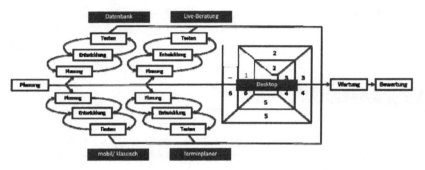

Abbildung 4.1: Das konstruierte Vorgehensmodell für das Fallbeispiel

Die Phasen sind: Risikoanalyse durchführen, Prototyp entwickeln, Prototyp evaluieren, Pilotsystem ins Zielsystem einsetzten, Testen und Anforderungen ermitteln.

Die Entscheidung die restlichen Teilsysteme in dem Schleifenmodell zu entwickeln ist der Gegebenheit zu schulden, dass dieses Vorgehen ideale Eigenschaften für diese bereithält. Die bewährte einfache Strukturierung, die qualitätsfördernden Schritte, das minimale Kosten- wie Zeitrisiko sowie die einfache Preisgestaltung stellen für dieses Vorhaben einen guten Ablauf der Systementwicklung dar. Zusätzlich sind, durch die Erfahrung des Unternehmens, die wesentlichen Anforderungen an den Teilsystemen bekannt und bei ähnlichen Projekten hat sich diese Vorgehensweise bereits im Unternehmen bewährt und ist fest etabliert.

Für den Teilbereich „Desktop" wurde zunächst eine Liste mit Eigenschaften an das Vorgehen erstellt. Dabei wurden die Kriterien gewichtet von 1 (nicht wichtig) bis 3 (sehr wichtig). Aufgrund dieser Tabelle wurden die Vorgehensmodelle verglichen und die Methoden analysiert. Das Spiralmodell mit Pilotsystem hat sich als bestes Vorgehen hervorgetan. Durch seine evolutionäre Entwicklung gibt es den Entwicklern die Möglichkeit sich neue Techniken beim Entwickeln anzueignen, der Auftraggeber kann schrittweise an das

System herangeführt werden und die grafischen Aspekte können schrittweise ausgearbeitet werden. Zusätzlich sollen die Scrum-Guidelines beachtet werden, um eine höhere Kundenzufriedenheit sicherzustellen.

Kriterium	Gewichtung
Anwenderbeteiligung	3
Zeitkritisch	2
Sicherheitskritisch	1
Anpassbarkeit	3
Präsentationsgeschwindigkeit	2
Bürokratie	1
Änderungsfreundlichkeit	3
Risikominimierung	2

Tabelle 4.1: Gewichtung der individuellen Vorgehenskriterien

4.2 HORIZONTALES PROTOTYPING (ON-LINE-PROTOTYPING)

On-line-Prototypen (sog. Softwareprototypen/ interaktive Prototypen) müssen i.d.R. programmiert werden, sind deshalb kosten-/ressourcenintensiver als Off-line-Prototypen und werden häufig erst nach dem Projektstart erstellt. Zu ihnen gehören Animationen, codegeschriebene Oberflächen, interaktive Videos und mit „interface builders" erstellte Prototypen.

Einer der wichtigsten Punkte einer internetbasierten Software ist die Softwareergonomie, welche oft vernachlässigt wird, da besonders Auftraggeber in erster Linie nur an die Funktionalität und das Design denken. [166]

> *„An important characteristic of HCI systems is that they are interactive: users both respond to them and act upon them. Unfortunately, designing effective interaction is difficult: many interactive systems (including many web sites) have a good 'look' but a poor 'feel'." [167]*

---

[166] Vgl. [LAFON02], S. 1007
[167] Ebd., S. 1008

Mit der Hilfe von On-line-Prototypen kann die Interaktion des Anwenders mit dem System getestet werden. Jede Zielgruppe hat seine spezifischen Eigenarten zum Bedienen eines Websystems und sollte entsprechend evaluiert werden.

Besonders in der heutigen Zeit, in der es jedem Gerät ermöglicht werden kann, Zugang zum Internet zu erhalten, ist es wichtig, auf die verschiedenen Interaktionsmöglichkeiten und Dimensionen der verschiedenen Geräte und dessen Software einzugehen; dies ist ein wichtiger Anwendungsfall für das horizontale Prototyping in seiner interaktiven Form.

Ein Prototyp innerhalb des Entwicklungsprozesses kann mehrere Aufgaben erfüllen: zum Testen, zum Experimentieren, zur Anforderungsermittlung, als programmiertechnische Grundlage und als Vorlage für sämtliche webentwicklungsspezifischen Disziplinen. Entsprechend sollten diese Prototypen dimensioniert und verwendet werden.[168]

Innerhalb des evolutionären Entwicklungsprozesses der 3D-Umgebung entstehen mit jedem Entwicklungsschritt neue Teile und Detailstufen der Software. Diese können vom Auftraggeber und Testanwender verwendet werden und geben Aufschluss über eventuelle Programmfehler und notwendige Änderungen.

Abbildung 4.2: On-line-Prototyp als Pilotsystem nach dem zweiten Entwicklungszyklus

---

[168] Vgl. [LAFON02], S. 1008 f

Abbildung 4.3: On-line-Prototyp als Pilotsystem nach dem vierten Entwicklungszyklus

Für die mobile-Variante wurde zu Beginn des sequenziellen Entwicklungsprozesses ein Mock-Up-Prototyp mit verschiedenen untereinander verknüpften Ebenen entwickelt, um die Zufriedenheit des Auftraggebers zu gewährleisten (siehe Abbildung 4.4).

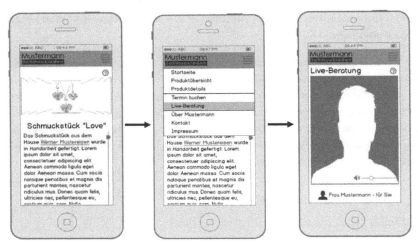

Abbildung 4.4: On-line-Prototyp als Demonstrationsprototyp für eine mobile Webanwendung

4.3   PROJEKTMANAGEMENT

*„Projektmanagement ist ein wesentlicher Teil von Software-Engineering und
quasi unabdingbar, weil professionelle Softwareentwicklung immer unter-
nehmensspezifischen Budget- und Zeitvorgaben unterliegt."* [169]

Angepasst an die Spezifikationen des Projektes müssen Ressourcen, Zeit, Fortschritt und
Qualität kontinuierlich validiert und überwacht werden; dabei müssen webspezifische
Eigenarten berücksichtigt werden, wie die Dynamik und die unterschiedlichen Qualitäts-
begriffe der einzelnen Disziplinen. [170]

Die Aufgabe des Projektmanagements ist es, ein funktionierendes Projektteam zu gewährleisten, die Software fristgerecht und den Kundenwünschen entsprechend anzufertigen, Chancen und Risiken zu überwachen, eine funktionierende Berichterstattung zu
gewährleisten und mit den gegebenen Ressourcen hauszuhalten. [171]

4.3.1   PROJEKTSTEUERUNG

Bei der Projektsteuerung geht es im Wesentlichen darum, die SOLL- und IST-Werte stabil
und auf einer Höhe zu halten.

Die aus den Planungen hervorgehenden Daten (Kosten, Leistungen, Ressourcen, Termine,
Risiken, ...) sollten zwischen dem Start und dem Ende des Projektes kontinuierlich und
sorgfältig überwacht und gesteuert werden. Durch Vergleiche zwischen den geplanten
(SOLL) und gegenwärtigen (IST) Daten, der jeweiligen Steuerungsbereiche, werden Abweichungen und Trends ersichtlich. Sollten sich negative Trends abzeichnen (oder gar
negative IST-Zustände ergeben), so sollten korrigierende Maßnahmen eingeleitet werden,
welche diese Missstände bereinigen. [172]

---

[169] [SOMMERVILLE12], S. 648
[170] Vgl. [STOYAN07], S. 141
[171] Vgl. [SOMMERVILLE12], S. 648 ff
[172] Vgl. [KAMISKE11], S. 99 ff

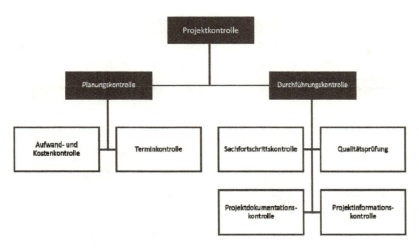

Abbildung 4.5: Die Facetten der Projektkontrolle - eine Illustration

In der Abbildung 4.5 können die unterschiedlichen Facetten der Projektkontrolle nach [JENNY01][173] nachempfunden werden.

> *„Das bedeutet, dass das Projekt in der Planung angepasst und genehmigt werden muss. Dieser permanente Steuerungsprozess wird solange durchgeführt, bis das Projekt abgeschlossen ist."[174]*

Die Abweichungen der IST- zu den SOLL-Werten, und die daraus resultierenden Maßnahmen sollten, wie die aufgearbeiteten Projektinformationen, dokumentiert und kommuniziert werden.

---

[173] [JENNY01], S. 306
[174] [PEIPE11], S. 129

Ein Beispielvergleich

Es wird ein SOLL-IST-Kostenvergleich als Routinemaßnahme angefertigt, um ggf. auftretende Kostenüberschreitungen frühzeitig erkennen zu können (Bei einem Fertigstellungsgrad von 10%).

Kostenarten	SOLL	IST	Abweichung	Beurteilung
Personalkosten	5.808,-- EUR	5.808,-- EUR	0,-- EUR	N.v.
Fremdleistungen	2.112,-- EUR	2.000,-- EUR	+ 112,-- EUR	Wird bei der nächsten Auszahlung ausgeglichen
Lizenzkosten	2.960,-- EUR	2.960,-- EUR	0,-- EUR	N.v.
Summe	10.880,-- EUR	10.768,-- EUR	+112,-- EUR	Rund 1 % Unterschreitung

Tabelle 4.2: Vergleich von SOLL- und IST-Projektkosten

Nachdem das Projekt zu 25% fertiggestellt wurde und bisher keine nennenswerten Abweichungen festgestellt werden konnten, möchte der Projektverantwortliche eine Kostentrendanalyse erstellen, um zu sehen, ob die Kosten gehalten werden können. Dazu wird zunächst der Fertigstellungswert ermittelt:

$$\text{Fertigstellungswert}_{SOLL} = \text{Gesamtkosten}_{SOLL} * \frac{\text{Fortschrittsgrad}_{IST}}{100\%} = 79.200\ \text{€} * \frac{25\%}{100\%}$$

$$\text{Fertigstellungswert}_{SOLL} = \underline{19.800\ \text{€}}$$

Als Nächstes werden die voraussichtlichen Gesamtkosten berechnet:

$$\text{Gesamtkosten}_{IST} = \frac{\text{Gesamtkosten}_{SOLL} * \text{Fertigstellungswert}_{IST}}{\text{Fertigstellungswert}_{SOLL}} = \frac{79.200\ \text{€} * 22.500\ \text{€}}{19.800\ \text{€}}$$

$$\text{Gesamtkosten}_{IST} = \underline{90.000\ \text{€}}$$

Das bedeutet, dass mit den bisherigen Kosten die Entwicklung des Systems voraussichtlich 10.800,-- € mehr kosten wird. Entsprechende Gegenmaßnahmen sind daher vom Projektverantwortlichen einzuleiten oder einen entsprechenden Change-Antrag zu stellen. Diese Rechnung wird im Unternehmen auch u.a. für den Terminvergleich genutzt.

Kostensteuerung

In der Kostensteuerung sollten sämtliche anfallenden Kostenfaktoren berücksichtigt werden (Personal, externe Dienstleister, Lizenzkosten, Software, Gemeinkosten, ...), um ein vollständiges Bild der Kosten zu erhalten.[175]

Es ist wichtig, die genauen Arbeitsstunden der Projektbeteiligten zu vermerken; zum Vergleichen und zur Abrechnung (Vergütung nach Aufwand). Bei externen Dienstleistern empfiehlt es sich diese, nach Möglichkeit, öfter persönlich zu besuchen, um das Verhältnis auszubauen und ggf. die in Rechnung gestellten Aufwände überprüfen zu können.[176]

Teamsteuerung

Zur Teamsteuerung gehört nicht nur die Überwachung von SOLL- und IST-Werten (Ressourcenauslastung), sondern vor allem das Projektteam zu motivieren und zu leiten. Durch die verschiedenen Disziplinen von Websystemen kommen über den vergleichsweise kurzen Projektzeitraum, aus den verschiedenen Fachrichtungen, viele qualifizierte Individualisten zusammen, welche individuell betreut werden sollten, um den Produktivanteil der Arbeitszeit möglichst hoch zu halten. Dabei sollten, durch ehrliche Kommunikation und entsprechenden Maßnahmen, alle Beteiligten in das Geschehen gleichberechtigt und respektvoll integriert werden.[177]

Risikosteuerung

Die, in der Projektstartphase erstellten Risiken und Chancen (siehe 3.2.2) sollten kontinuierlich aktualisiert und überprüft werden. Besonders bei der Neubelegung von Arbeitspaketen oder Anforderungsänderungen/ Nachforderungen sollten Risiken- und Chancen neu aufgestellt und bewertet werden.[178]

Termin-/ Fortschrittssteuerung

Der Projektplan kann als Überwachungsbasis zur Termin- bzw. Fortschrittssteuerung genutzt werden. Alle benötigten Zeiten der Projektteammitglieder sollten hier sorgfältig eingetragen werden, sodass übersichtlich die SOLL- und IST-Daten verglichen werden

---

[175] Vgl. [TIEMEYER07], S. 332
[176] Vgl. [STOYAN07], S. 156 ff
[177] Vgl. [SOMMERVILLE12], S. 657 ff
[178] Vgl. [KAMISKE11], S. 108

können. Dadurch kann ebenfalls dargestellt werden, welche Projektmitglieder überlastet sind oder ob offene Kapazitäten bestehen. Die offenen Kapazitäten können dazu genutzt werden, um ggf. überlastete Mitglieder zu unterstützen.[179]

Qualitätssteuerung

Im Qualitätsmanagement wird u.a. versucht, trotz Abweichungen im Planungsverlauf, mittels korrigierenden Maßnahmen, die gewünschte Softwarequalität zu erreichen. Es sollte eine regelmäßige Qualitätsprüfung stattfinden, um bei negativen Tendenzen, entsprechende Maßnahmen einzuleiten.[180]

> *„Die Qualitätslenkung hängt stark mit dem Projektmanagement zusammen.*
> *Dies besonders, weil es neben korrigierenden Massnahmen [sic] auch die*
> *organisatorischen Definitionen beinhaltet, die für das Erreichen der geforderten Qualität notwendig sind."* [181]

Die Qualitätssicherung hat in den Teildisziplinen von Webprojekten verschiedene Definitionen und bringt jeweils eigene Aspekte ein. Auf diese Qualitätssicherungen sollte explizit in den einzelnen Disziplinen eingegangen werden.[182]

4.3.2 KOMMUNIKATIONSMANAGEMENT

Wie bereits unter dem Punkt 3.2.7 (Informations- Kommunikations- und Dokumentationsplanung) beschrieben, sollten die festgelegten Projektbeteiligten in individuellen, ggf. regelmäßigen, Abständen eine Projektberichtserstattung (Statusbericht) erfahren. Diese Projektberichte können beispielsweise als Inhalt folgende Punkte beinhalten: Projektstatus, Terminpläne, Kapazitätsauslastungen, Risiken und Probleme, Kennzahlen zum Projekt u.v.m.[183]

---

[179] Vgl. [DREES10], S. 62
[180] [JENNY01], S. 297 f
[181] Ebd., S. 297
[182] Vgl. [STOYAN07], S. 147 ff
[183] Vgl. [TIEMEYER07], S. 332 f

Der Unternehmensvorstand und der Auftraggeber sollen ihren monatlichen allgemeinen Statusbericht in kürze erhalten. Daher erstellt der Projektverantwortliche nun diesen wie folgt:

Statusbericht für den Zeitraum 02.03.2015 – 09.03.2015				
Projekt: JewelryAwesome0315		Trend: Negativ		Datum: 10.03.2015
Trend-Leistung:	Positiv		Status-Leistung:	Positiv
Trend-Termine:	Negativ		Status-Termine:	Gleichbleibend
Trend-Kosten:	Negativ		Status-Kosten:	Negativ
Fertigstellungsgrad	19 %			
Maßnahmen zur Berichtigung:		▪ Die KANN-Anforderung „Live-Beratung" wird zunächst nicht entwickelt ▪ Das Projektteam erhält neue Motivationsmethoden ▪ …		
Neuerungen:		▪ Die Datenbankeinrichtung wurde abgeschlossen ▪ Das Backend des Systems wurde fertiggestellt ▪ Die ersten zwei Entwicklungszyklen der 3D-Entwicklung sind abgeschlossen ▪ …		
Termine bis nächsten Bericht:		▪ Meilensteinbesprechung: Terminplanung fertiggestellt (13.03.2015) ▪ …		
Neuerungen bis nächsten Bericht:		▪ Das Frontend (für mobil/ klassisch) wird fertig ▪ …		
Aktuelle Risiken		▪ Ausfall vom Webentwickler ▪ …		

Tabelle 4.3: Ein Auszug eines Statusberichtes

Marketing

Durch ein gezieltes Marketing für die jeweiligen Stakeholder wird die Projektarbeit wesentlich besser akzeptiert und erfährt eine höhere Wertschätzung. Durch einen erhöhten Informationsgrad erhöht sich das Vertrauen in die Qualität und das Ansehen zur Projektarbeit. So lassen sich Entscheidungen von höheren Instanzen leichter durchsetzen und ggf. auftretende Terminänderungen und Ressourcenänderungen werden besser von Verantwortlichen aufgenommen. Durch verdiente Anerkennung der Arbeit wird die Motivation der Mitarbeiter zusätzlich gesteigert.[184]

Für eine übersichtliche Darstellung von Projektbeteiligten und deren zu erhaltenes Informationsmaterial, zur Kommunikations- und Informationsverbesserung, wird im Projektverlauf eine Kommunikationsmatrix gepflegt, welche als Ausgangsbasis den Berichtsplan (siehe Tabelle 3.11: Beispiel eines Berichtsplans) verwenden sollte:

Kommunikations-kanal / Projektbeteiligte	Persönliche Gespräche	Abteilungssitzungen	Workshop	Newsletter	Flyer	Intranet	:
Auftraggeber	x				x		
Andere Projekte		x		x	x	x	
Externer Dienstleiter	x		x				
Vorstand	x	x		x	x		
Projektteam	x		x			x	
...							

Tabelle 4.4: Kommunikationsmatrix für das Fallbeispiel

Besprechungen/ Meetings

Besprechungen sind in einem Webprojektverlauf unverzichtbar. Ausgehend von den gewählten Vorgehen und Methoden kann die Regelmäßigkeit und Intensität der Besprechungen bereits vorgegeben sein (diese können auch ereignisbezogen vollzogen werden).

Die Meetings sollten möglichst effizient eingesetzt werden; es wird empfohlen diese gut vorzubereiten, damit nicht zu viel Projekt-/ Arbeitszeit vergeudet wird. Das Treffen sollte zudem dokumentiert und von allen anwesenden Parteien gegengezeichnet werden, um

---

[184] Vgl. ebd., S. 334 f

späteren Diskussionen und Konflikten vorzubeugen. Besprechungen vermindern Probleme und Missverständnisse, fördern die Transparenz und den Informationsfluss.[185]

In fünf Tagen steht die zweite Besprechung mit dem Auftraggeber an. Zu diesem Anlass lässt der Projektverantwortliche eine Agenda den möglichen Beteiligten zukommen:

Agenda für das Treffen am 13.03.2015, 17:00 Uhr im Unternehmen, Raum VG 830 (ca. 30 min.)

Teilnehmende – Unternehmen:	▪ Pat Behrendt (Projektverantwortliche) ▪ Programmierer 3 ▪ Designer 2
Teilnehmende – Auftraggeber:	▪ Herr Mustermann ▪ Assistent von Herr Mustermann
Besprechungspunkte:	▪ Pilotsystem präsentieren ▪ Terminplanung präsentieren ▪ Fragen klären ▪ …

Tabelle 4.5: Beispiel für eine Agenda für eine Besprechung/ Meeting/ Treffen

Nachdem das zweite Meeting, nach gründlicher Vorbereitung und einem Protokollführer, erfolgreich abgeschlossen wurde, wird ein Gesprächsprotokoll über das Treffen schnellstmöglich erstellt und den Beteiligten übergeben:

---

[185] Vgl. [KAMISKE11], S. 111 ff

Gesprächsprotokoll vom Treffen am 13.03.2015, 15:30 - 16:15 Uhr	
Teilnehmende – Unternehmen:	▪ Pat Behrendt (Projektverantwortlicher) ▪ Programmierer 3 (Protokollant) ▪ Designer 2
Teilnehmende – Auftraggeber:	▪ Herr Mustermann ▪ Assistent von Herr Mustermann
Besprechungs- zusammenfassung	In dem Treffen vom 13.03.2015 wurden offene Fragen zur Browserunterstüt- zung geklärt und das Pilotsystem sowie die Terminplanung wurden präsentiert.
Pilotsystem prä- sentieren:	Die Terminplanung wurde dem Auftraggeber auf verschiedenen Endgeräten vorgestellt. Die einzelnen Unterseiten und Funktionen wurden ausführlich erläu- tert. Unter anderem …
…	…
Anmerkungen:	Der nächste Termin wird am 20.03.2015 stattfinden. Es wurde beschlossen, das Budget auf 85.000,-- € aufzustocken. …

Tabelle 4.6: Beispiel eines Gesprächsprotokolls

4.3.3 ÄNDERUNGS-/ NACHFORDERUNGSMANAGEMENT

Das Änderungs- und Nachforderungsmanagement sollte vor dem Projektstart festgelegt werden (ist in vielen Vorgehensmodellen verankert). Hierbei wird festgelegt, wie mit Nachforderungsanfragen und Änderungsanfragen umzugehen ist.[186]

Bei der Nachforderungsanfrage bestehen nach Meinung des Auftraggebers Anforderun- gen, die nicht (vollständig-) erbracht wurden, allerdings im Vertrag vorzufinden sind. Die- se entstehen in der Regel durch unpräzise formulierte Anforderungen im Vorfeld. Ände- rungsanfragen können sowohl vom Auftraggeber, als auch vom ausführenden Unterneh- men, kommen. Sollten neue technische Erkenntnisse, Anforderungen oder behördliche Auflagen aufkommen, so müssen diese geklärt und schriftlich festgehalten werden. Auch bei terminlichen, finanziellen o.ä. Änderungen ist dieses Management anzuwenden.[187] Die Anfragen sollten systematisch geprüft und zum Wohle aller Beteiligten entschieden werden.

---

[186] Vgl. [TIEMEYER07], S. 333 f
[187] Vgl. [KAMISKE11], S. 109 f

Zum Zwecke einer Anforderungsänderung am Terminkalender wird ein Change-Antrag gestellt:

Change-Antrag		Nummer: ja0315_016	
Projekt: JewelryAwesome0315	Priorität: Hoch		Datum: 10.03.2015
Änderungsbeschreibung:	Das Kalender-Tool im Terminkalender vom Backend soll, nach Usability-Tests mit den Mitarbeitern, nicht durchgehend sichtbar sein. Dieser sollte nur angezeigt werden, wenn ein Datum ausgewählt werden soll. ...		
Zu ändernde Objekte:	▪ Die Eingabefelder „Datum von" und „Datum bis" auf der Backend-Unterseite „Termine" erhalten jeweils ein sich ausklappenden Kalender ▪ Der dauerhaft sichtbare Kalender wird entfernt ▪ ...		
Zusätzlicher Aufwand/ Kosten	150,-- EUR mehr Budget		
Änderungsentscheidung:	☐ Die Projektänderungen werden bewilligt. ☐ Die Projektänderungen werden abgelehnt.		
Entscheidungsbegründung:			

Tabelle 4.7: Change-Antrag – Projektspezifikationen schriftlich abändern

Im Zuge des Änderungsmanagements wird ein „Change Log" zum Projekt geführt, welcher die einzelnen Änderungen am Projekt dokumentiert:

Change Log vom Projekt: JewelryAwesome0315

Änderung	Betrifft			Genehmigung		Change-Antrags-nummer	Kosten/ Aufwand
	Budget	Umfang	Zeit	Datum	Genehmigung durch		
Einklapp-Kalender	x	x		12.03.2015	Auftraggeber	ja0315_016	150,-- EUR mehr Budget
Mitarbei-ter-Logfile	x	x	x	13.03.2015	Unternehmen	ja0315_017	560,-- EUR mehr Budget, 1 Tag mehr Projektlaufzeit
...	...	...	...	...	...	...	...

Tabelle 4.8: Change Log – eine Auflistung sämtlicher Projektänderungen

5 PROJEKTENDE UND -BETREUUNG

„Formal wird ein Projekt mit seiner Abnahme durch den Auftraggeber sowie der Übergabe der Projektergebnisse an die Projektnutzer (bzw. den Kunden des Projektes) abgeschlossen. Gleichzeitig wird die Projektgruppe vom Auftraggeber aufgelöst." [188]

In diesem Abschnitt muss, neben der Übergabe, vor allem Akzeptanz, und die damit einhergehende Beweisführung über die konsequente Umsetzung der Anforderungen, bei den Stakeholdern, geschaffen werden. [189] Durch entsprechende Dokumentation und Berichterstattung werden sämtliche projektrelevanten Informationen zusammengetragen und dem Auftraggeber (mit einer Gegenzeichnung) in einer Abnahme übergeben. [190]

Die gesammelten Erfahrungen sollten ebenfalls für folgende Projekte gesammelt werden, dies kann zum Beispiel in einem Projektabschluss-Workshop erfolgen, in dem Erfahrungen und Ergebnisse des Projektes zusammengefasst und eruiert werden können. [191]

5.1 ABSCHLUSSDOKUMENTATION

In der Abschlussdokumentation sollten sich folgende Daten mindestens wiederfinden: der Status des Projektes, die Bewertung zum Verlauf, die Betrachtung von Problemen, Restaktivitäten, die gesammelten Erfahrungen und die regulären Dokumentationseinheiten der Projektdurchführung. [192]

---

[188] [TIEMEYER07], S. 337
[189] Vgl. ebd., S. 338
[190] Vgl. [KAMISKE11], S. 119
[191] Vgl. [PEIPE11], S. 178
[192] Vgl. [DREES10], S. 89

Zu einer vollständigen Dokumentation gehören sämtliche Auftragsinformationen inklusive Anforderungsänderungen, Verträge, Planungsdokumente, Protokolle, Kommunikationsunterlagen und die technische Dokumentation zum Zielsystem.[193]

> *„Als Projektdokumentation gilt die Zusammenstellung von ausgewählten, wesentlichen Daten über Konfiguration, Organisation, Mitteleinsatz, Lösungs-wege, Ablauf und erreichte Ziele innerhalb des Projektes."* [194]

Auch in dieser Dokumentationsphase gilt: die Dokumente so kurz wie möglich zu halten und ausschließlich relevante Informationen zu gebrauchen.[195]

5.1.1   ABSCHLUSSBERICHT

> *„Der Projektabschlussbericht fasst die Projektergebnisse, Erfahrungen und Erkenntnisse schriftlich zusammen."* [196]

Es ist empfehlenswert, diesen im Projektabschlussgespräch, zusammen mit dem Projektteam und den Stakeholdern gemeinsam anzufertigen.[197]

Der Abschlussbericht sollte nach B. Jenny[198] u.a. die folgenden Daten beinhalten:

- Resümee des gesamten Projektteams
- Positive- wie negative Erfahrungen verglichen mit den Erwartungen aus der Anwendersicht
- Positive wie negative Erfahrungen verglichen mit den Erwartungen aus der Sicht des Rechenzentrums oder der Systembetreuer
- Aussagen über tatsächliche Kosten und Nutzen des Systems/ Produkts im Vergleich zu den geplanten Kosten und Nutzen
- Nachbesserungen und Anforderungsänderungen zur finalen Umsetzung

---

[193] [TIEMEYER07], S. 340 f
[194] Nach der DIN 69901
[195] [DREES10], S. 88
[196] [PEIPE11], S. 179
[197] Vgl. [KAMISKE11], S. 125
[198] Nach [JENNY01], S. 497

- Begründung von plandaten- und systemtechnischen Abweichungen
- Weiteres Vorgehen bezüglich Systemübergabe und –unterhalt

Als Vorbereitung für das Projektabschlussgespräch wird der Projektabschlussbericht angefertigt:

Projektabschlussbericht		
Projekt: JewelryAwesome0315	Auftraggeber: Herr Mustermann	Datum: 15.04.2015
Analyse der Sachergebnisse		
SOLL-Projektziele	IST-Ergebnisse	Gründe für Abweichung
Es wird eine Präsentationsplattform des Schmuckgeschäftes erstellt	Es wurde eine Internetpräsenz für den Schmuckladen Mustermann geschaffen, welche die Produkte des Ladengeschäfts stilvoll präsentiert	N.v.
Die Produkte können einzeln präsentiert werden in Text, Bild, Ton, 3D-Modell und Video	Die Produkte können einzeln präsentiert werden in Text, Bild, 3D-Modell und Video auf der dynamischen Produktdetail-Unterseite	Eine reine Tonwiedergabe zu einem Produkt hat sich als nicht praktikabel für den Verkauf von Schmuck herausgestellt
Die Plattform spiegelt das Flair des Geschäftes wieder	Der Schmuckladen wurde 1:1 in 3D-Modelling wiedergegeben. Durch weiche Töne, einer angenehmen Atmosphäre und Hintergrundmusik wird das Flair des Ladens widergespiegelt	N.v.
...	...	...
Bewertung des Projektverlaufs		
<ul><li>Die Projektleitung wurde verantwortungsvoll und vollständig vollzogen</li><li>Die Arbeit im Projektteam gestaltete sich harmonisch und war motivierend</li><li>Der hohe Verwaltungsaufwand ging zu Lasten einiger Anforderungen</li><li>...</li></ul>		

Einflussfaktoren und Probleme
▪ Mehrfachbelastung von Projektmitarbeitern durch andere Projekte ▪ Durch die geänderte Gesetzgebung zur Impressumspflicht musste dieses im späteren Projekt- verlauf korrigiert werden ▪ ...

Zusammenarbeit im Projektteam
▪ Gute Verteilung der Aufgaben gemäß den Spezialgebieten der Mitarbeiter ▪ Kollegiales Verhalten bei Engpässen und gegenseitige Motivierung ▪ ...

Empfehlungen
▪ Das Projektteam früher nach ihrer Meinung fragen ▪ Protokolle ausführlicher gestalten und in zweifacher Form aushändigen zum Gegenzeichnen ▪ ...

Liste der Restaktivitäten

Nr.	Restaktivität	Zieltermin	Verantwortlich
1	Einen Glitch entfernen in der 3D-Modell- Steuerung innerhalb des Geschäftes, welcher am Haupttresen bei Chrome auftritt	16.04.2015	Externer Dienstleister
2	Live-Beratung in das Backend einpflegen	21.04.2015	Programmierer 1
3	Live-Beratung in das Frontend einpflegen	21.04.2015	Programmierer 2
...	...	...	...

Anmerkungen
N.v.

Anhänge
▪ Change-Log ▪ ...

Tabelle 5.1: Ein Projektabschlussbericht für das Fallbeispiel

X _____   X _____

Herr Mustermann   Pat Behrendt
Auftraggeber   Projektverantwortlicher

5.1.2 ERFAHRUNGSSICHERUNG

In der Praxis setzt es sich immer mehr durch, Projekterfahrungen zu sammeln und zu bewerten, sodass diese für die Akquirierung und Bearbeitung von Folgeprojekten genutzt werden können. Die Erfahrungssicherung ist als ein Teil des Wissensmanagements anzusehen, welches in keinem großen Unternehmen fehlen sollte und kann beispielsweise durch ein Projekthandbuch erfolgen.[199]

Die Erfahrungssicherung bildet das Grundgerüst für sämtliche Verbesserungen für zukünftige Projekte. Mithilfe der gesammelten Daten aus dem Projekt ist es zum Beispiel möglich, genauere Aufwandsschätzungen zu erheben, erfolgreiche Vorgehensweisen und Methoden festzuhalten und aus gemachten Fehlern zu lernen, um diese nicht zu wiederholen.[200]

5.2 PROJEKTABSCHLUSS

Es ist eine wichtige Entscheidung festzustellen, wann das Projekt beendet werden soll/ das Zielsystem als fertig erachtet werden kann.[201]

„Der Projektabschluss ist der offizielle Schlusspunkt eines Projektes." [202]

Damit ein Projekt aufgelöst werden kann, bedarf es allerdings noch einiger Arbeitsschritte. So muss (i.d.R. durch einen Antrag) das Projektende offiziell eingeleitet werden, nachdem sämtliche Dokumente überreicht wurden, die Abnahme erfolgreich vollzogen- und die Übernahme des Zielsystems abgeschlossen wurde. Im Anschluss müssen die Ressourcen wieder aufgelöst und verteilt werden.[203]

---

[199] [TIEMEYER07], S. 341 f
[200] [JENNY01], S. 497
[201] Vgl. [RUF08], S. 151
[202] [DREES10], S. 99
[203] Vgl. [JENNY01], S. 498

Zum Abschluss zählen u.a. die differenzierte Nachbetrachtung, ein internes Meeting und die Abnahme, welche folgend kurz beschrieben werden.

5.2.1 NACHBETRACHTUNG

Zu der Nachbetrachtung zum Projektende (Projektreview), können sämtliche Stakeholder des Projektes eingeladen werden. Aus diesem Treffen können Erfahrungen, Ergebnisse, Vorgehen, Stärken und Schwächen des Projektes erfasst und dokumentiert werden (fließt in die Dokumentation mit ein).[204]

Zum Projektabschluss wird für eine umfassende Projektreview die evaluierten Eindrücke der Projektbeteiligten eingefangen und auf einem Dokument zusammengetragen:

Projektreview

Projekt: JewelryAwesome0315	Auftraggeber: Herr Mustermann	Datum: 01.05.2015

	Projektverlauf	
Was lief gut:	▪ Die motivationsfördernden Maßnahmen haben gegriffen ▪ Die Verteilung der Aufgaben auf die Spezialitäten der Mitarbeiter ergab eine große Qualitätssteigerung, welche die zeitlichen Engpässe mehr als wett gemacht hat ▪ …	
Was lief schlecht?	▪ Die Projektmitarbeiter wurden zu spät in die Entscheidungsfindung mit einbezogen ▪ …	

Schwierigkeiten	Ursachen für Schwierigkeiten	Erkenntnisse
▪ Einige Entscheidungen vom Projektverantwortlichen wurden vergessen ▪ …	▪ Die Entscheidungen wurde nirgends zentral dokumentiert ▪ …	▪ Im nächsten Projekt wird ein „Decision Diary" angelegt ▪ …

---

[204] Vgl. [DREES10], S. 83

Zusammenarbeit		
Zusammenarbeit zwischen ...	Anerkennung	Kritik
Projektverantwortlicher - Projektteam	▪ Freundschaftliches, aber trotzdem professionelles Auftreten ▪ ...	▪ N.v.
Projektteam - Auftraggeber	▪ Freundliches und direkte Interaktion mit Auftraggeber	▪ Teilweise keinen professionellen Umgangston verwendet ▪ ...
...	...	...
Sonstige Anmerkungen		
N.v.		

Tabelle 5.2: Ein Auszug aus dem Projektreview für das Fallbeispiel

In den Gesprächen werden zudem die SOLL- und IST-Werte überprüft und miteinander verglichen. Dabei werden auch Gründe für eventuelle Abweichungen besprochen. Die Nachbetrachtung kann in einem Workshop, einem informellen Gespräch oder durch einen schriftlichen Feedback-Bogen erfolgen.[205]

---

[205] Vgl. [TIEMEYER07], S. 339 f

Um eine umfassende Nachbetrachtung zu erhalten lässt der Projektverantwortliche einen Fragebogen anonym von den Projektmitarbeitern ausfüllen:

Feedbackbogen			
Projekt: JewelryAwesome0315	Auftraggeber: Herr Mustermann		Datum: 01.05.2015
(5 = trifft völlig zu, 4 = trifft zu, 3 = mittelmäßig, 2 = trifft nicht zu, 1 = trifft gar nicht zu)			
1. Ziele			
1.1	Mir waren stets die Projektziele bekannt		5
1.2	Die Projektziele war klar und leicht verständlich		4
...	...		...
2. Führung			
2.1	Der Projektverantwortliche hat das Team gut geführt		5
2.2	Der Führungsstil war gut		5
...	...		...
3. Kommunikation			
3.1	Die Anzahl der Besprechungen war gut bemessen		4
3.2	Die aufgestellten Kommunikationsregeln waren sinnvoll für die Kommunikation		3
...	...		...
Anmerkungen			
Alles war vollkommen zufriedenstellend ☺			

Tabelle 5.3: Feedbackbogenbeispiel für interne Projektmitarbeiter

5.2.2 ABNAHME

Die erfolgreiche Abnahme verkündet das offizielle Ende des Projektes. Zur Abnahme gehört i.d.R. ein Abnahme-Treffen (auch Projektabschlusssitzung), bei dem die Ergebnisse und relevanten Dokumente vorgestellt werden. Bevor die Abnahme erfolgreich stattfinden kann, sollten gezielte Tests am Zielsystem vorgenommen und auch vorgeführt werden. Juristisch gesehen gilt diesem Moment die größte Aufmerksamkeit, da durch die Abnahme sich die Beweispflicht umkehrt. Bei der Abnahme und den Tests muss die Vollständigkeit und Korrektheit des Zielsystems vom Auftragnehmer bewiesen werden.[206]

> *„Für das eigentliche Abnahmeverfahren wird häufig ein spezielles Abnahmedokument (fachliches Abnahmeprotokoll) zur Unterschrift vorgelegt. Im positiven Fall [...] können die weiteren Abschlussaktivitäten in Angriff genommen werden. Im Fall einer Ablehnung der Projektabnahme [...] ist eine Nachbesserung der Projektergebnisse erforderlich."* [207]

---

[206] Vgl. [RUF08], S. 149 ff
[207] [TIEMEYER07], S. 338

Für das Abnahmetreffen wurden folgende Tagesordnungspunkte angesetzt:

Agenda für die Projektabschlusssitzung, im Unternehmen, Raum VG 830 (ca. 5 Stunden)		
Projekt: JewelryAwesome0315	Auftraggeber: Herr Mustermann	Termin: 31.04.2015, 12:00 Uhr
Rückschau		
▪ Was lief gut ▪ Was ging schief ▪ ...		
Anerkennung und Kritik		
▪ Kommunikation ▪ Dokumentation ▪ Zielerfüllung ▪ ...		
Informationen zum Projektabschluss		
▪ Unterzeichnung der Dokumente und Aushändigung der Dokumentation ▪ Offene Aktivitäten abklären ▪ ...		
Abnahme des Projektes		
▪ Finale Präsentation und Tests am Zielsystem ▪ Zeigen von kostenfreien zusätzlichen Features ▪ ...		
Projektabschlussfeier		
▪ Abschlussrede/ Abschlusspräsentation ▪ Emotionale Verabschiedung ▪ ...		

Tabelle 5.4: Eine Agenda für das Abnahmetreffen mit anschließender Abschlussfeier

5.3   NACHBETREUUNG

„Die bei den Abnahmetests und in den ersten Betriebsmonaten festgestellten
Mängel sollten während der Nachbearbeitungsphase überarbeitet werden.
[...] Mit einer Nachbearbeitung will man grundsätzlich die geforderte
Funktionalität oder Systemqualität sichern und festigen." [208]

Zu der Nachbetreuung gehört ebenfalls die Anwenderschulung und der Anwender-Support; je nach vertraglich Vereinbartem. Letzteres kann wertvolle Impulse zur Weiter-entwicklung oder Erkenntnisgewinnung in Rahmen eines Folgeprojektes genutzt werden.[209]

Zusätzlich kann ein Werkvertrag abgeschlossen werden, welcher dem Auftraggeber die Dienste des ausführenden Unternehmens, in einem gewissen Rahmen, gegen ein monat-liches fixes Honorar, gewährleistet.

Nach dem Projektabschluss wird zwischen dem Unternehmen und dem Auftraggeber ein Vertrag geschlossen, welcher das Unternehmen dazu verpflichtet, gegen ein monatliches Honorar, weitere Dienstleistungen, Mitarbeiterschulungen und einen Support rund um das Projekt anzubieten.

---

[208] [JENNY01], S. 497
[209] Vgl. ebd., S. 96

6   ZUSAMMENFASSUNG

Es ist wichtig, dass ein Verständnis für die Anwendung von klar definierten Vorgehensweisen im Webprojekt geschaffen wird. Viele Projekte scheitern an einer schlechten Herangehensweise und damit einhergehend, an einer schlechten Planung und Umsetzung.
Erst dann, wenn die Notwendigkeit zur Wahl eines geeigneten Vorgehens und den dazu
passenden Phasen anerkannt wird, kann eine professionelle und strukturierte Softwareentwicklung stattfinden. Zudem sollte ein Bewusstsein für die systematische Anwendung
der einzelnen Aufgabenbereiche des Projektmanagements geschaffen werden, da diese
wichtig in ihrer Anwendung und in ihrer gegenseitigen Abhängigkeit sind. Durch ein Verständnis der Zusammenhänge zwischen den einzelnen Projektbereichen, wird das Projektmanagement effektiv und effizient betrieben. Dazugehörig zu betrachten ist im Speziellen der Zusammenhang, der zwischen den Faktoren besteht, wie der Qualität, der Zeit,
den Ressourcen, dem Umfang und dem gesamten Projektumfeld. Der Projektleitung muss
es gelingen eine ausgewogene Balance zwischen den Projektteilbereichen zu schaffen.

In dieser Arbeit wurden die grundlegenden Vorgehensmodelle vorgestellt und objektiv
analysiert. Die für die webbasierte Softwareentwicklung gängigen konkreten Vorgehen
wurden einander gegenübergestellt und deren Anwendbarkeit in der Praxis herausgearbeitet. Dabei wurde deutlich, dass jedes Vorgehen seine Daseinsberechtigung hat und zu
jedem Projekt ein passendes Vorgehen gefunden bzw. konstruiert werden kann. Es wurde
zudem gezeigt, dass die Vorgehen untereinander gemischt und vereint werden können.
Ebenso wurde verdeutlicht, dass auch die Projektphasen auf die Spezifikationen des Projektes und dessen Umfeld entsprechend angepasst werden sollte. Dazu gehört auch das
horizontale Prototyping. Es wurde gezeigt, dass der Einsatz dessen in den unterschiedlichsten Formen und Umfängen gestaltet werden kann – je nach den Projektgegebenheiten.

Durch mehrere Abschnitte hinweg wurde das Prototyping erläutert und seine verschiedensten Ausprägungen und Anwendungsarten aufgezeigt. Da der Fokus dieser Arbeit
auf dem horizontalen Prototyping liegt, wurde dieses speziell behandelt. Das horizontale
Prototyping hilft dabei die Kommunikation zu verbessern, die Softwareentwicklung effektiver und effizienter zu gestalten und die Kundenzufriedenheit deutlich zu steigern.

Das horizontale Prototyping ist in vielen Webprojekten leicht anwendbar und kann ggf. dabei helfen, wertvolle Zeit und Ressourcen einzusparen. Die verschiedenen Anwendungsgebiete und Ausprägungen machen das horizontale Prototyping zu einem echten Allrounder, der in keinem geeigneten Webprojekt fehlen sollte.

Im Rahmen dieser Arbeit wurden Projektphasen betrachtet, welche vorgehensunabhängig und gleichermaßen wichtig für jedes Webprojekt sind. Dabei wurden die einzelnen Methoden und Ansätze chronologisch abgehandelt. Es wurde ein praxisnahes Fallbeispiel konzipiert, welches die theoretischen Methoden praxisnah und nachvollziehbar innerhalb der behandelten Projektabschnitte aufgearbeitet hat.

In der betrieblichen Praxis wird ein strukturierter Projektmanagementansatz mit individuellen Vorgehensaufarbeitungen noch zu selten eingesetzt, was sich auf die Zahl der scheiternden Projekte und die Qualität der gelieferten webbasierenden Softwareprodukte auswirkt. Auch die Potentiale des Prototyping werden aktuell von den Unternehmen vollkommen unterschätzt. Dass Bewusstsein, dass jedes Projekt eine individuelle Vorgehenslösung benötigt mit verschiedensten Methoden (wie dem horizontalen Prototyping) ist, gegenwärtig in den Webunternehmen und den IT-Beratungsstellen, noch nicht gänzlich gefestigt worden. Schlimmer jedoch wiegt die Tatsache, dass viele Webprojekte noch nach dem Ad-hoc-Verfahren entwickelt werden und sich somit jeglicher Professionalität und systematischen Arbeiten entsagen.

In den vielen Webunternehmen entwickelt sich langsam ein Umdenken. Die Unternehmensentwicklung startet bei einem kleinen Startup-Unternehmen oder einem Einzelunternehmertum und geht bis hin zu professionellen Einrichtungen, welche die Notwendigkeit des strukturierten Vorgehens einsehen und entsprechend umsetzen. Es bleibt zu hoffen, dass in diesem Bereich der Softwareentwicklung eine Neubewertung zum Nutzen des Projektmanagements stattfindet, sodass es zu einer starken Professionalisierung und somit zu einer höheren öffentlichen Anerkennung der Arbeit an Webprojekten kommt.

LITERATURVERZEICHNIS

[STOYAN07]: Alig, O., Keenan, J., Krajewski, A., Kurbel, R., Prenzel, J., Ruckelshauß, J., & Stoyan, R. (2007). *Management von Webprojekten* (2. Ausg.). (R. Stoyan, Hrsg.) Heidelberg: Springer-Verlag Berlin Heidelberg.

[BALZER98]: Balzer, H. (1998). Den Erfolg im Visier: Unternehmenserfolg durch Multi-Projekt-Management. Stuttgart: Logis.

[BALZERT98]: Balzert, H. (1998). *Lehrbuch der Software-Technik.* Heidelberg/ Berlin: Spektrum Akademischer Verlag GmbH.

[LAFON02]: Beaudouin-Lafon, M., & Mackay, W. E. (2002). Prototyping Tools and Techniques. In A. Sears, & J. A. Jacko, *The Human-Computer Interaction Handbook.* Paris: CRC Press.

[BECK01]: Beck, K., Beedle, M., van Bennekum, A., Cockburn, A., Cunningham, W., Fowler, M., . . . Thomas, D. (2001). *Prinzipien hinter dem Agilen Manifest.*

[BENAD04]: Benad, J. (18. Dezember 2004). Projektmanagement und Qualitätssicherung unter dem V-Modell XT. Dresden: Technische Universität Dresden - Fakultät Informatik.

[BUNSE02]: Bunse, C., & von Knethen, A. (2002). *Vorgehensmodelle kompakt.* Bonn/ Bruchsal: Spektrum Akademischer Verlag.

[COLDEWEY02]: Coldewey, J. (2002). Agile Entwicklung Web-basierter Systeme. In J. Coldewey, *Wirtschaftsinformatik 44.*

[DESHPANDE02]: Deshpande, Y., Murugesan, S., Ginige, A., Hansen, S., Schwabe, D., Gaedke, M., & White, B. (2002). *Journal of Web Engineering - WEB ENGINEERING.* u.a. : School of Computing and Information Technology, University of Western Sydney. Sydney/ Rio de Janeiro/ Karlsruhe/ Stanford: Rinton Press.

[DREES10]: Drees, J., Lang, C., & Schöps, M. (2010). *Praxisleitfaden Projektmanagement.* Leipzig: Carl Hanser Verlag München.

[DREES14]: Drees, J., Lang, C., & Schöps, M. (2014). *Praxisleitfaden Projektmanagement* (2. Ausg.). München: Carl Hanser Verlag München.

[ERDMANN13]: Erdmann, D. (6. Juni 2013). *Webprojekte planen - Dies sind die häufigsten Fehler.* Abgerufen am 23. Januar 2015 von http://denniserdmann.de: http://denniserdmann.de/fehler-bei-webprojekten/

[XPWIKI15]: Extreme Programming. (14. Januar 2015). *Extreme Programming – Wikipedia.* Abgerufen am 23. Januar 2015 von http://wikipedia.org: http://de.wikipedia.org/wiki/Extreme_Programming

[FRITZSCHE07]: Fritzsche, M., & Keil, P. (Juli 2007). Kategorisierung etablierter Vorgehensmodelle und. *ihre Verbreitung in der dt. SW-Ind.* Institut für Informatik - Technische Universität München, München, Deutschland.

[GNATZ05]: Gnatz, M. A. (29. Juni 2005). Vom Vorgehensmodell zum Projektplan. Institut für Informatik der Technischen Universität München, München.

[KAMISKE11]: Hemmrich, A., & Harrant, H. (2011). *Pocket Power - Projektmanagement* (3. Ausg.). (G. F. Kamiske, Hrsg.) München: Carl Hanser Verlag München.

[HINKEL11]: Hinkel, F., Kern, U., & Dal, M. (20. Juni 2011). *Abgrenzung der agilen Softwareentwicklung von klassischen Verfahren.* (U. Kern, Herausgeber, & Hochschule für Oekonomie & Management - Düsseldorf). Abgerufen am 23. Januar 2015 von http://winfwiki.wi-fom.de: http://winfwiki.wi-fom.de/index.php/Abgrenzung_der_agilen_Softwareentwicklung_von_klassischen_Verfahren

[HORN07]: Horn, T. (2007). *Vorgehensmodelle zum Softwareentwicklungsprozess.* Abgerufen am 23. Januar 2015 von http://torsten-horn.de: http://www.torsten-horn.de/techdocs/sw-dev-process.htm

[JEFFRIES01]: Jeffries, R. E. (2001). *What is Extreme Programming? | xProgramming.com.* Abgerufen am 23. Januar 2015 von http://xprogramming.com: http://xprogramming.com/what-is-extreme-programming/

[JENNY01]: Jenny, B. (2001). *Projektmanagement in der Wirtschaftsinformatik* (5. Ausg.). Zürich: vdf Hochschulverlag AG an der ETH Zürich.

[KAPPEL04]: Kappel, G., Präll, B., Reich, S., & Retschitzegger, W. (2004). Web Engineering - Systematische Entwicklung von Web-Anwendungen. In G. Kappel, B. Präll, S. Reich, & W. Retschitzegger, *Web Engineering. Systematische Entwicklung von Web-Anwendungen.* Heidelberg: dpunkt Verlag.

[KESTLER10]: Kestler, T. (8. April 2010). Viel Scrum herum. Zirndorf: elevato GmbH

[KOORD09]: Koord, Y., & Krauter, V. (23. Januar 2009). *Überblick Vorgehensmodelle im Projektmanagement.* (FOM Hamburg)

[MARIE11]: Marie. (16. Dezember 2011). *Agile Softwareentwicklung im Vergleich zu traditionellen Softwareentwicklungsprozessen.* (I. Buchem, Herausgeber). Abgerufen am 23. Januar 2015 von https://vfhebm.wordpress.com: https://vfhebm.wordpress.com/2011/12/16/agile-softwareentwicklung-im-vergleich-zu-traditionellen-softwareentwicklungsprozessen/

[MAYR01]: Mayr, H. (2001). *Projekt Engineering - Ingenieurmäßige Softwareentwicklung in Projektgruppen.* Leipzig: Fachbuchverlag Leipzig im Carl Hanser Verlag.

[MCCONNELL96]: McConnell, S. (1996). *Rapid Development: Taming Wild Software Schedules.* Bellevue, WA, Amerika: Microsoft Press.

[MUENZ08]: Münz, S. (2008). Webseiten professionell erstellen : Programmierung, Design und Administration von Webseiten (3 Ausg.). München: Addison-Wesley Verlag.

[NIELSEN93]: Nielsen, J. (1993). *Usability Engineering.* Amerika: Morgan Kaufmann Publishers In.

[PEIPE11]: Peipe, S. (2011). *Crashkurs Projektmanagement* (5. Ausg.). Freiburg: Haufe-Lexware GmbH & Co. KG.

[PRESSMANN01]: Pressmann, R. S. (2001). *Software-Engineering.* Mcgraw Hill Book Co.

[RAYMOND03]: Raymond. (2003). Prozess-Modelle. Erlangen-Nürnberg: Friedrich-Alexander-Universität, Institut für Informatik.

[RUF08]: Ruf, W., & Frittkau, T. (2008). *Ganzheitliches IT-Projektmanagement.* München: Oldenbourg Wissenschaftsverlag GmbH.

[SARRE06]: Sarre, F. (26. Oktober 2006). V-Methode, RUP, Waterfall oder was? auf der SYSTEMS 2006 in München, München.

[SCHNEIDER12]: Schneider, T. (20. Februar 2012). Vorgehensmodelle für die Webentwicklung. In T. Schneider, *Management von Web-Projekten* (S. 18). Nürnberg: webmasters akademie Nürnberg GmbH.

[SCHREY09]: Schrey, P. (14. Januar 2009). Agile Softwareentwicklung – Vor- und Nachteile aus Praxissicht. München: itegia GmbH

[SCHWEITZER03]: Schweitzer, R. (November 2003). Scrum. *eine agile Methode zur Software Entwicklung.* Institut für Informatik der Universität Zürich, Schweiz.

[SEIBERT11]: Seibert, O. (2011). Wie kann man risikoorientiert Software entwickeln? Fachhochschule Brandenburg, München.

[SOMMERVILLE01]: Sommerville, I. (2001). *Software Engineering* (6. Ausg.). München: Pearson Deutschland GmbH.

[SOMMERVILLE12]: Sommerville, I. (2012). *Software Engineering* (9. Ausg.). München: Pearson Deutschland GmbH.

[STANIEROWSKI12]: Stanierowski, M. (6. November 2012). Management des Entwicklungsprozesses mit Hilfe von Prozess- und Vorgehensmodellen. Berlin: HTW-Berlin.

[TIEMEYER07]: Tiemeyer, E., Feil, T., Gadatsch, A., Herzog, F., Kopperger, D., Kunsmann, J., . . . Wintersteiger, W. (2007). *Handbuch IT-Management* (2. Ausg.). (E. Tiemeyer, Hrsg.) München/ Wien: Carl Hanser Verlag München Wien.

[TIMEKONTOR01]: Timekontor AG. (2001). *Wie zufrieden sind Sie mit Ihrem IT-Dienstleister?* Berlin: Timekontor AG.

GLOSSAR

Im Glossar werden Begrifflichkeiten geklärt, welche sich in dieser Arbeit befinden. Dabei sind diese stets im Zusammenhang mit den Texten interpretiert.

Begriff	Erläuterung
3D-Engine	Es ist ein Teil einer Software, welcher vorgefertigte Methoden und Elemente bereitstellt, für eine schnellere und qualitativ hochwertigere 3D-Entwicklung.
Akquise	Unter Akquise ist die Anwerbung von Kunden zu verstehen.
Anforderung	Eine Anforderung ist eine Aussage über eine gewählte Beschaffenheit, welche zur Zielerreichung benötigt wird.
Anforderungsänderung	Eine Anforderungsänderung ist das Hinzufügen oder Ändern von Anforderungen.
Anwender	Anwender sind Personen(-gruppen), die eine Anwendung verwenden (die Software anwenden).
Arbeitspaket	Ein Arbeitspaket ist eine in sich geschlossene Aufgabenstellung innerhalb eines Projektes, die zu einem festgelegten Zeitpunkt mit definierten Ergebnis und Aufwand vollbracht werden kann.[210]
Auftraggeber	Ein Auftraggeber ist eine Vertragspartei, die den Auftrag zur Dienstleistung erteilt hat (meistens der Kunde).

---

[210] Nach der DIN 69901

Backend	Mit Backend ist in der Webentwicklung der Teil einer Webanwendung gemeint, der den administrativen Anwendern zugänglich ist und über den das System gesteuert und konfiguriert werden kann.
Browserunterstützung	Browserunterstützung ist die Aussage über Funktionalität und Darstellung eines Systems innerhalb eines Internet-Browsers.
Client	Als Client wird ein netzwerkfähiges Endgerät verstanden, das Informationen aus einen Netzwerk erhält.
Content	Das Wort bedeutet im Deutschen: Inhalt.
Datenbank	Eine Datenbank ist ein elektronisches Datenverwaltungssystem, dessen Aufgabe es ist Daten nach bestimmten Kriterien zu organisieren und zu verwalten.
Desktop	Als Desktop wird die unterste HCI-Arbeitsfläche (Hintergrundfläche) in einem Betriebssystem beschrieben. Desktop wird auch als Synonym für eine traditionelle Softwareumgebung eines Computers bezeichnet.
effektiv	Effektiv bedeutet, im Sinne des Zieles zu handeln.
effizient	Effizient bedeutet, mit möglichst geringem Aufwand ein Ziel zu erreichen.
einpflegen	Siehe Implementierung.
Endgerät	Ein Endgerät ist ein netzwerkfähiges Gerät, das Informationen aus einen Netzwerk erhält. Der Begriff wird häufig verwendet, um die unterschiedlichen netzwerkfähigen Geräteklassen mit unterschiedlicher Software zusammenzufassen.
Entwicklungsmodell	Siehe Vorgehensmodell.
externe Dienstleiter	Der externe Dienstleister ist ein Dienstleister, der Dienstleistungen außerhalb des eigenen Unternehmens anbietet.
Frontend	Mit Frontend ist in der Webentwicklung der Teil einer Webanwendung gemeint, der den normalen Anwender zugäng-

	lich ist.
Gantt-Diagramm	Ein Gantt-Diagramm ist eine Form von Balkendiagramm, das die chronologische Abfolge von Aktivitäten anzeigt.
Glitch	Ein Glitch ist eine kurzzeitig auftretende Fehlfunktion einer Softwareanwendung, die oft durch unerwartete Eingabe von Anwendern hervorgerufen wird.
HCI systems	Das sind Systeme, welche eine Benutzerschnittstelle zur Verfügung stellen.
Herangehensweise	Siehe Vorgehen.
Implementierung	Eine Implementierung ist die Umsetzung von Konzepten in fertige Lösungen.
inkrementell	Inkrementell bedeutet eine stufenweise Softwareentwicklung.
Internet	Das Internet ist ein Verbund aus netzwerkfähigen Geräten, die einen weltumfassenden Informationsaustausch ermöglichen.
Internet-Browser	Ein Internet-Browser ist eine Software, welche es ermöglicht, u.a. Webanwendungen aufzurufen und darzustellen.
Intranet	Ein Netzwerk aus netzwerkfähigen Geräten, das ein eigenständiges internes Netzwerk bildet. Im Zusammenhang mit einem System bedeutet Intranet, dass das System lediglich aus diesem Intranet heraus verwendet werden kann.
iterativ	Iterativ bedeutet, dass eine Aktion wiederholend ausgeführt wird.
Lizenz	Eine Lizenz ist eine Nutzungserlaubnis für eine Sache.

Meilenstein	Ein Meilenstein ist ein Ereignis mit besonderer Bedeutung. [211] I.d.R. ist es ein definierter Punkt innerhalb eines Projektes, der den Abschluss von bestimmten Aktivitäten anzeigt.
Microsoft Project	Microsoft Project ist ein von Excel abgeleitetes Softwareprodukt von Microsoft, das bei der Planung und Durchführung von Projekten unterstützend wirkt (Projekt-Tool).
Modell	Siehe Vorgehensmodell.
Phasen	Phasen sind voneinander abgetrennte Sammlungen von Methoden, Richtlinien und Vorgehen.
Phasenkonzept	Siehe Phasenmodell.
Phasenmodell	Ein Phasenmodell ist die Darstellung eines Projektablaufs in Abschnitten, die eindeutig bezeichnet sind.[212]
Programmieren	Das Programmieren ist das Schreiben von Computer-Programmen (Softwareanwendungen).
Projektbeteiligte	Siehe Projektmitarbeiter.
Projektgruppe	Siehe Projektmitarbeiter.
Projektlebenszyklus	Siehe Phasenmodell.
Projektmitarbeiter	Ein Projektmitarbeiter ist eine Person, welche unternehmensintern eine Aufgabe zur Erreichung des Projektziels erfüllt.
Projektnebenkosten	Projektnebenkosten umfasst die Gesamtheit an sekundären Aufwänden, die im Projekt anfallen (z.B. Mietkosten, Strom, Internetprovider, Buchhaltungskosten, …).
Projektreview	Ein Projektreview ist eine Form der Projektnachbetrachtung,

---

[211] Nach der DIN 69901
[212] Nach der DIN 69901

	indem Erfahrungen für Folgeprojekte gesammelt werden.
Projektstrukturplan	Ein Projektstrukturplan ist vollständige und hierarchische Abbildung eines untergliederten Zielsystems, als Diagramm oder Liste (oft als Organigramm dargestellt). [213]
Projektteam	Siehe Projektmitarbeiter.
Projektverantwortlicher	Ein Projektverantwortlicher ist eine Person(-engruppe), die die Verantwortung über ein Projekt innehat (oft der Projektleiter).
Prototyp	Ein Prototyp ist ein unvollständiges System, das durch einen geringen Ressourcenaufwand eine schnelle Systementwicklung ermöglicht.
Qualität	Gesamtheit von Merkmalen, welche festgelegte und vorausgesetzte Anforderungen erfüllt. [214]
Ressource	Als eine Ressource ist die Gesamtheit von Mitteln (Personal, Software, Rechte, ...) zu verstehen, die zur Durchführung oder Förderung von Vorgängen, Arbeitspaketen oder Projekten herangezogen werden können. [215]
Server	Ein Server ist ein netzwerkfähiges Gerät, das, bedingt durch seine Software, netzwerkspezifische Leistungen anbietet.
Stakeholder	Stakeholder sind Personen(-gruppen), welche in irgendeiner Form vom Projekt betroffen sind.
Systemanpassung	Siehe Anforderungsänderung.
Systemteile	Systemteile sind Programmabschnitte einer Softwareanwendung.

---

[213] Nach der DIN 69901
[214] Nach der DIN EN ISO 8402
[215] Nach der DIN 69901

Tailoring	Die Methoden innerhalb eines Vorgehensmodells auf das Projektumfeld und den Projektspezifikationen hin anzupassen wird Tailoring genannt. So wird sichergestellt, dass das Projekt individuellen Aufwand erfährt.[216]
Teambuilding	Im Teambuilding werden die Dynamiken im Team verbessert und hinderliche Prozesse werden erkannt und aufgelöst.
Teilsysteme	Siehe Systemteile.
Usability	Mit Usability ist die Benutzerfreundlichkeit eines Systems gemeint.
Validierung	Eine Validierung ist der Nachweis über die Eignung eines Systems (kurz: Systemtest).
Verteiltes Projekt	Ein Projekt, welches von gebietstechnisch voneinander getrennten Unternehmen (verteilt) zusammen, entwickelt wird.
Vorgehen	Ein Vorgehen ist eine bestimmte Art des Handelns.
Vorgehensmodell	Ein Vorgehensmodell ist eine Sammlung von Vorgehen.
Vorgehensweise	Siehe Vorgehen.
Webauftritt	Siehe Webanwendung.
webbasiert	Das Wort beschreibt eine Sache, die auf Internettechnologien basiert.
webspezifische Disziplinen	Webspezifische Disziplinen sind die Zusammenfassung von Fachrichtungen und Spezialisierungen rund um die Webentwicklung (z.B. Designer, Programmierer, Anwälte, …).
Workshop	Ein Workshop ist eine Veranstaltung, bei der im praktischen Umfeld gelernt und diskutiert werden kann.

---

[216] Vgl. [JENNY01], S. 52

| Zielsystem | Ein Zielsystem ist ein entworfenes System, welches sich aus Anforderungen und Zielsetzungen im Projekt zusammensetzt. |

ANHANG

A   DAS AGILE MANIFEST

„Unsere höchste Priorität ist es, den Kunden durch frühe und kontinuierliche Auslieferung wertvoller Software zufrieden zu stellen. Heisse [sic] *Anforderungsänderungen selbst spät in der Entwicklung willkommen. Agile Prozesse nutzen Veränderungen zum Wettbewerbsvorteil des Kunden. Liefere funktionierende Software regelmäßig innerhalb weniger Wochen oder Monate und bevorzuge dabei die kürzere Zeitspanne. Fachexperten und Entwickler müssen während des Projektes täglich zusammenarbeiten. Errichte Projekte rund um motivierte Individuen. Gib ihnen das Umfeld und die Unterstützung, die sie benötigen und vertraue darauf, dass sie die Aufgabe erledigen. Die effizienteste und effektivste Methode, Informationenan* [sic] *und innerhalb eines Entwicklungsteams zu übermitteln, ist im Gespräch von Angesicht zu Angesicht. Funktionierende Software ist das wichtigste Fortschrittsmaß. Agile Prozesse fördern nachhaltige Entwicklung. Die Auftraggeber, Entwickler und Benutzer sollten ein gleichmäßiges Tempo auf unbegrenzte Zeit halten können. Ständiges Augenmerk auf technische Exzellenz und gutes Design fördert Agilität. Einfachheit -- die Kunst, die Menge nicht getaner Arbeit zu maximieren --ist essenziell. Die besten Architekturen, Anforderungen und Entwürfe entstehen durch selbstorganisierte Teams. In regelmäßigen Abständen reflektiert das Team, wie es effektiver werden kann und passt sein Verhalten entsprechend an.“*[217]

---

[217] [BECK01]

www.ingramcontent.com/pod-product-compliance
Lightning Source LLC
LaVergne TN
LVHW092337060326
832902LV00008B/684